사랑의 말 치유의 말

짓고 엮은이 **유영일**

"나는 누구인가?"라는 의문부호를 안고 살면서 책과 명상을 통해 자기 안에 이미 내재된 신성의 빛을 깨닫고, 확대 증폭하는 길을 걷고 있다.

옮긴 책으로 『내 안의 나』, 『지금 이 순간을 살아라』, 『문: 길은 언제나 내 안에 있다』, 『존재만으로 이미 충분한 당신』, 『닦으면, 스스로 빛난다』, 『지금 사랑하라』 등, 지은 책으로 『백일 감사: 백일만 하면 행복이 춤춘다』 등이 있다.

사랑의 말 치유의 말

펴낸날	2025년 6월 27일
지은이	유영일
펴낸곳	올리브나무 출판등록 제2002-000042호
	경기도 고양시 일산동구 정발산로 82번길 10, 705-101
	전화 031-905-8469, 010-7755-2261
	팩스 031-629-6983 E메일 yoyoyi91@naver.com
	대표	이순임 기획	유지연

ⓒ 유영일, 2025

ISBN 978-89-91860-45-0 03810

이 책은 저작권법에 따라 보호를 받는 저작물이므로 무단 전재와 복제를 금합니다.
이 책의 전부 또는 일부를 사용하려면 반드시 저작권자의 서면 동의를 받아야 합니다.

값 18,000원

사랑의 말 치유의 말

사랑한다고 속삭여 주세요, 나에게 먼저

짓고 엮은이 유영일

올리브나무

사랑은
벽을 허물고
울타리도 치우고
문을 열고
"오, 예스!"라고
외치는 것이지요.

"임마누엘 메시지" 중에서

치유와 회복으로 가는 길은 많고 많으나
사랑처럼 강력한 묘약은 없습니다.

시작에 앞서

더 빛나는 나 자신을 깨우는 말, 말, 말들

  활자와 활자들이 함께 웅숭그리고 모여서 말을 걸어오는 것 같은 느낌에, 그 안에 머무르고 싶은 문장이 있습니다. 활자 너머 여백 안에서 살고 싶은 문장, 그리하여 그 활자들을 소리내어 말하거나 그 말을 받아적은 사람들과 하나로 엮인 나머지 시공간의 거리 같은 것은 말끔하게 지워져버린 느낌 속에서 나와 너가 따로 존재하지 않는 동질감을 선물해 주는 문장이 있습니다.

  나를 씻겨주는 문장,
  나를 가만히 돌아보게 하는 문장,
  나를 고요하게 하는 문장,
  나를 다시 살게 하는 문장,
  사랑을 충전시켜 주는 문장,
  존재의 '중심'을 살려주는 문장,
  삶의 지도를 새로 그리게 하는 문장,

내 존재에 날개를 달아주는 문장,
진실된 '자기존중감'으로 의식을 상승시켜 주는 문장….

책을 읽고 번역하고 편집하는 일을 기꺼이 업으로 삼고 살아왔던 것은, 뼈를 때리고 영혼을 뒤흔드는 문장을 만나 그 속에서 사는 것이 너무나 좋았기 때문입니다. "너는 네가 생각하는 너보다 크고 밝다"는 말, "너는 빛의 자식"이라는 말, "나는 생명의 빵이니 나를 먹으라"는 말…. 그런 말을 만나지 않았더라면, 나는 지금쯤 얼마나 헤매고 있었을까요? 상상만 해도 아찔합니다.

카뮈와 사르트르의 무신론적 실존주의에 심취하여 불온한 청춘을 보내던 골방의 나에게 햇살처럼 쏟아져 들어온 말들과 책들이 있었기에, 불확실성의 자유함은 '참나를 깨치기 위한 무대장치'로 급변할 수 있었습니다. 개체성 안에 갇힘으로써 경험할 수밖에 없는 '창살 없는 감옥' 같은 삶은, 문을 두드리고 또 두드림으로써 열리게 된 틈새 사이로 들어온 사랑의 햇살로 인해 나와 너와 구별이 사라져서 '신비 아닌 것이 없는 지구촌 소풍 놀이'로 변신하였습니다. '나라는 존재가 세상에 존재하기까지의 셀 수도 없는 내리사랑들의 연속상연'과 '우연을 가장한 필연의 운명'을 가늠할 수 있게 됨으로써 '지금 이 순간을 충만하게' 살아가는 자유함의 무대로서 삶을 바라볼 수 있게 되었습니다. 개체로서의 나는 늘 무엇인가가 부족하고 결핍되어 있기에 나를 채우기 위해 달려가지 않을 수 없고, 그래서 늘 허기증에 시달리지 않을 수 없지만, 나라는 존재의 신비함에 눈뜸으로써 우리 모두는 거의 태생적인 '사랑결핍증'을 극복할 수 있는 치유의 첫 단추를 꿸 수 있습니다. 그리하여 마침내 '나는 이미 존재 자체만으로 사랑받고 있음'에 가슴이 활짝 열리게 되면, 본래의 자기 자신을 회복하여 '중심에서 흘러넘치는 삶'이 그다지 멀게 느껴지지 않을 수 있을 것입니다.

'나'라는 존재는 백천만 겁의 영원한 시간 전부터 우주가 공모하여 오늘을 살도록 내보낸 기적의 결과물이고, 사랑에 의해 사랑으로 인해 태어난 사랑의 존재입니다. 이보다 더 큰 자기존중심의 근거가 있을 수 있을까요? 불안과 두려움과 스트레스로 인해 생기는 이 세상 질병의 99.9%는 사랑결핍증의 다른 이름이고, 사랑결핍증으로 인한 모든 증상들은 아무런 조건 없는 사랑에 이미 노출되어 있다는 것을 실감할수록 빛의 속도로 치유가 이루어질 것입니다.

이 책을 통해 더 빛나는 자기 자신을 만날 수 있다면, 그래서 이 우주를 움직이는 섭리의 손에 의해 '나'는 이미 떠받들려지고 있으며, 우연을 가장한 필연의 운명으로 이미 사랑받는 존재임을 조금이라도 더 실감나게 깨우칠 수 있다면, 그래서 그러한 깨우침의 빛이 널리널리 퍼져 나갔으면, 하는 바람을 감히 품어 봅니다.

2025년 여름의 초입에서

유영일

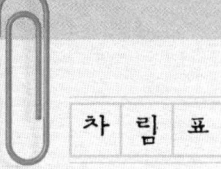

차 림 표

제1부 눈 뜨라고 부르는 소리 있어

어떤 사랑의 고백 1 ● **18**
어떤 사랑의 고백 2 ● **20**
어떤 사랑의 고백 3 ● **22**
어떤 사랑의 고백 4 ● **24**
어떤 사랑의 고백 5 ● **26**
은밀한 속삭임 ● **28**
빛의 속삭임 1 ● **30**
빛의 속삭임 2 ● **32**
빛의 아이들 ● **34**
가는 곳마다 주인이 되라 ● **36**
내 존재에 날개를 달아주는 말 ● **39**
봄이 그대라는 사건을 저질렀다 ● **40**
거룩한 당신 ● **42**
태양을 돌게 하는 그 힘이 ● **44**
그대 자신이 생각하는 그대보다 ● **46**
당신을 '빛'이라고 부르고 싶어요 ● **48**
있는 그대로 ● **50**
천 개의 꽃잎을 가진 ● **52**
남김없이 사랑하기 ● **54**
그대는 누구인가 ● **56**
문득 어디에선가 들려오는 소리가 ● **58**
"그대는 그대가 생각하는 그대 이상이다" ● **58**

거룩한 자리매김 ● 60
사랑의 태양 ● 62
침묵의 목격자 ● 64
가장 큰 기적 ● 66
이미 내장된 것 ● 68

제2부 사랑의 신비, 끝이 없어라

빛과 빛이 만날 때 ● 72
사랑은 우리를 깨우는 우주적 암호 ● 74
사랑이라는 선물 ● 76
사랑의 자리 ● 78
무한한 사랑의 소립자들 ● 80
끝나지 않는 사랑 ● 82
사랑에 취하여 ● 84
사랑을 흐르게 하라 ● 86
사랑은 스스로 길을 찾는다 ● 88
사랑은 주먹을 펴는 것 ● 90
삶―살아있는 것들의 축제 ● 92
사랑이 살아숨쉬는 자리 ● 94
무한한 연료 ● 96

이유 없이 솟아나는 사랑 안에서 ● 98
사랑 안에서 길을 잃어라 ● 100

제3부 이렇게 경이로운 세상

별과 별을 돌게 하는 그 힘이 ● 104
꽃 선물 ● 106
신비가 만발한 세상에서 ● 108
신비와 함께 걷는 길 ● 110
살아있는 경전 ● 112
음식 ● 114
신의 나라에는 빼기가 없다 ● 116
태양 요가 ● 118
세상에 유일하게 없는 것 ● 120
포함하지 않음이 없는 ● 122
영원한 하나 ● 124

제4부 씻기고 보듬고 상승시켜 주는 말

내맘김이 불러오는 것들 ● 128
용서에 걸리는 시간 ● 130
나에게 바치는 선물 ● 132
중심에서 살기 ● 134

빛이 내 삶의 주인으로 자리잡을 때 ● 136
명상 ● 138
걷기 명상 ● 140
사랑결핍증의 치유를 위한 첫걸음 ● 142
"영원한 하나"를 사는 법 ● 144
궁극의 처방전 ● 146
내가 사는 것이 아니다 ● 148
나의 주인공 자리 ● 150
최고의 이야기꾼을 만나려면 ● 152
텅 빈 마음 ● 154
중심에서 번져 나오는 삶 ● 156
중심의 회복 ● 158
신성의 태엽 ● 160

제5부 존재의 새로운 지도

당신의 위치에너지 ● 164
문을 열면 들어오는 빛의 환희 ● 166
현실은 단단한 바위 같은 것이 아니야 ● 168
상상은 현실보다 힘이 세다 ● 170
입을 벌리라 ● 172
풍요를 부르는 마음의 법칙 ● 174
상상력이 미래 창조의 비결 ● 176
생각의 힘 ● 178

우주는 속도를 좋아한다 ● **180**

기도의 기술 ● **182**

사랑인가, 두려움인가? ● **184**

사랑은 울타리를 모른다 ● **186**

축복의 말 ● **188**

성 프란체스코, 감사의 기도 ● **190**

무경계 ● **192**

자세히 볼수록 깊어지고 풍요로워진다 ● **194**

진실로 사랑한다면 해방시켜 주자 ● **196**

존재의 새로운 지도 ● **198**

제6부 당신은 사랑에 포위되어 있다

고요한 기다림 ● **202**

거대한 고요 ● **204**

고요한 사랑 속에서 ● **206**

영원한 생명의 운동에 나를 싣고 ● **208**

고요함 속에서 살기 1 ● **210**

고요함 속에서 살기 2 ● **212**

중심잡기 ● **214**

충만한 고독의 시간 ● **216**

고요한 만남 ● **218**

살아 있는 빛의 바다에서　**220**

제7부 저절로 사랑이 충전되는 "내면화 필사"

고요의 기적 ● 224
지금 이 시간 내 존재의 기적 ● 226
몸 ● 228
밥 ● 230
태양을 먹는 아이들 ● 232
나의 영토 ● 234
나의 중심 ● 236
내 안의 보물 ● 238
조건 없는 사랑의 힘 ● 240
나를 먹으라 ● 242
봄날의 새싹이 ● 244
내 안의 풍경 ● 246
나는 사랑이다 ● 248
사랑의 길 ● 250
사랑겹핍증과 사랑충만증 ● 252
나는 나를 방목한다 ● 254
스위치를 누르면 전기가 들어오듯이 ● 256
하늘사랑을 받기 위한 조건 ● 258
사랑 안에서 살기 ● 260
상상의 날개 ● 262
빛의 말씀으로 창조하기 ● 264
나에게로 떠나는 여행 ● 266
큰 사랑의 품에 안겨 ● 268
삶은 선물이다 ● 270

제1부

눈		뜨	라	고			
부	르	는		소	리		
있	어						

외부에서 그 무엇을 가져와서 얹어야만
그대의 존재가 더 빛나는 것이 결코 아니다.
그대는 이미 있는 그대로 충분하다.

어떤 사랑의 고백 1

●

그대를 사랑합니다.
그대의 모든 것을.
그대의 구석구석 모든 것을.
그대도 알지 못하는
그대의 마음속 밑바닥 모든 부분들까지도.

사랑에 목말라하는 그대를 사랑합니다.
사랑을 향해 달려가는 그대를 사랑합니다.
사랑에 웃고 우는 그대를 사랑합니다.
사랑의 상실로 아파하는 그대를 사랑합니다.
그대의 실수와 잘못, 그대가 감추고 싶어 하는 모든 것,
그대 자신보다 더 잘 알고 있지만
그래도 그래도 그대를 사랑합니다.
그럴수록 그대를 사랑합니다.
그대의 과거, 현재, 미래,
모든 그대를 사랑합니다.

―신으로부터

바쁜 걸음 멈춰 세우고 내 숨소리와 심장 박동 소리에 가만히 귀 기울이기만 하면, 이 거대한 우주를 떠받들고 있는 그 손이 나 자신도 떠받들어주고 있음을 느낄 수 있습니다.

어떤 사랑의 고백 2

●

그대는 그대가 생각으로 한정짓는 그대가 아니다.
그대는 그대가 한정짓는 그대 이상으로 밝게 빛나는,
별처럼 해처럼 아름답게 빛나는 존재이다.

그대는 그대가 그대라고 한정짓는 폐쇄회로가 아니다.
밤하늘의 별들만큼이나 많은 수조 개의 숨구멍으로
산천초목과 우주를 들이쉬고 내뿜는
열림 자체이다.

자연과 우주로 가는,
신에게로 가는 통로가,
그대 안에 이미 존재한다.
그 무엇을 얻으려고 애쓸 필요가 없다.
외부에서 그 무엇을 가져와서 얹어야만
그대의 존재가 더 빛나는 것이 결코 아니다.
그대는 이미 있는 그대로 충분하다.

"사랑은 많은 것을 설명할 필요가 없다.
무언가를 설명하려고 할 때 사랑은 사라진다."
레오 버스카글리아, 『살며 사랑하며 배우며』

어떤 사랑의 고백 3

●

그대를 사랑합니다.

일천 강물이 달을 품지만
아무런 흔적도,
아무런 상처도
남기지 않듯이
몰래 몰래

그대를 사랑합니다.

창조된 개인에게는 반드시 한계가 있게 마련이다. 만일 한계가 없어진다면, 개인이라는 단어 자체가 성립되지 않는다. 그런데도 지구별에서는 그것을 극단적인 형태로 취하고 있다. 이 별에 사는 사람들은 저마다 소위 한계의 제왕들이다. 자신이 이미 가지고 있는 가치와 능력을 지나치게 축소시키면서 살아간다.

다릴 앙카, 「가슴 뛰는 삶을 살아라」

어떤 사랑의 고백 4

●

나는 그대를 가까이에서 멀리서 안아준다.

햇빛으로 어루만지고
바람으로 스치듯 만져 준다.

일렁이는 파도를 그대가 바라볼 때
사실은 내가
파도의 분말들로
그대를 어루만지고 있는 것이다.

누군가가 나를 말없이, 내색함이 없이, 사랑해 주고 있었음을 깨달을 때, 우리는 진실로 가슴의 감동을 느끼고, 그렇게 사랑하는 법을 배워갑니다.

어떤 사랑의 고백 5

●

나는 언제나 너를
방목한다.

삶에는 애초에 정해진 길이 없기에
길을 잃는다는 것은
있을 수 없는 일

무엇을 더하고
무엇을 빼랴
어떤 조건도 없다,
조건을 다는 순간
사랑은 누추한 중고품이 되어버린다.

'있는 그대로의 수용'이란 말도 차라리 사치,
내 사랑 속에서 너는 언제나
빛난다, 어떠한 조건도 없이.
너 스스로
사랑으로부터 왔으므로.

누군가 나를 사랑으로 지켜보고 있다는 것을 느끼는 것처럼
큰 행복은 없습니다.

은밀한 속삭임

●

가만히 귀 기울이면
개나리 노랗게 눈뜨는 소리보다 더 세미한 음성으로
목련꽃 벙그는 소리보다 더 환한 음성으로
그대를 부르는 소리 들을 수 있습니다.

이 골목 저 골목 찾아 헤매도 소리의 주인공,
온데간데 없건만
귀 기울이면 어디에서나 들리는
그대를 부르는 소리 들을 수 있습니다.

나무들이 바람으로 부르는 노래
새들이 음표도 없이 부르는 노래
시냇물이 천년만년 부르는 노래
꽃들이 온몸에 색칠하며 부르는 노래

천지에 그대를 부르는 소리 가득합니다.

살아있는 모든 것이 사실은 사랑의 열매들이고
열매는 곧 씨앗입니다.

빛의 속삭임 1

●

"너는 네가 생각하는 네가 아니야. 너는 방랑길에서 헤매는 3차원의 물질적 존재가 아니야. 온갖 한계에 부딪혀 상처받고 신음하는 가엾은 존재가 아니야. 넌 키와 몸무게에 갇혀 있는 직립인간이 아니야."

"누구도 말하면서 동시에 들을 수는 없어. 이 우주가 연주하는 장엄한 교향악을 들으려면 넌 먼저 에고의 목소리를 침묵시켜야 해."

"나비가 되어 날아오르려면 고치를 벗어 버려야 해. 너의 개성을 벗어 버려. 너의 야망을 벗어 버려. 다른 사람과 비교하는 경쟁 심리를 벗어 버려. 너를 3차원의 현실에 묶어두는 에고에의 가짜 사랑을 벗어 버려. 하지만 진정한 사랑의 본성을 벗어 버려선 안 돼."

"진정한 사랑은 두려움의 갑옷을 입지 않아. 아무것도 걸친 것 없어도, 어디에나 통하고, 어디에나 흐르는 것이 사랑이야. 사랑은 벌거숭이가 되는 걸 부끄러워하지 않아."

내일을 걱정하고 불안해하는 두려움의 갑옷 안에 웅크리고 있다고 하여 그 두려움이 사라지는 법은 없습니다. 그리고, 내일은 존재하지 않습니다. 지금 이 순간의 연속상연일 뿐입니다.

빛의 속삭임 2

●

"넌 단지 두려움과 불안으로 너 자신을 가리고, 빛과 사랑의 노래를 까맣게 잊고 있었을 뿐이야. 그럴 때의 넌, '환한 방안에서 두 눈을 꼭 감은 채 어둡다고 징징 우는 아이'와도 같아. 이젠 눈을 떠. 필요한 것은 다만 그것뿐이야."

"너의 안테나는 대기권 너머, 성층권 너머, 아득한 우주에까지 생명의 은줄을 뻗치고 있어. 넌 지구별에만 갇혀 있는 존재가 아니야. 넌 진정 위대한 빛과 사랑의 존재야."

우리들 각자가 입은 신비의 옷은
벗겨낼 길이 없습니다.

빛의 아이들

●

예수께서 말씀하셨다. "그들이 그대들에게 '당신들은 어디서 왔소?'라고 묻거든 그들에게 말하십시오. '우리는 빛에서 왔습니다. 빛이 저절로 생겨나는 자리, 빛이 확고하게 자기 자리를 잡고 있는 곳, 빛이 형상으로 자신들을 나타내는 자리에서 왔습니다.'라고 말하십시오. 그들이 그대들에게 '그 빛이 그대들인가?'라고 묻거든 '우리는 그 빛의 아이들입니다. 우리는 살아 계시는 아버지로부터 선택받은 자들입니다.'라고 말하십시오. 그들이 그대들에게 '당신 안의 무엇이 당신들의 아버지를 입증할 수 있는 것인가? 당신들이 빛의 아이들이라는 증거가 당신들의 어디에 있단 말인가?'라고 묻거든, 그들에게 대답하시오. '이렇게 살아서 움직이고 또 쉬는 것이 그 증거요.'"

—『도마복음』 50

"나는 빛의 아이"라는 것보다
더 크고 힘센 자존심은 없습니다.

가는 곳마다 주인이 되라

●

함께 도(道)를 닦는 여러 벗들이여, 진리란 인위적인 조작이 필요하지 않다. 꾸밈이 없는 있는 그대로의 삶, 일상의 자유로움, 옷을 입고, 밥을 먹고, 똥을 누고, 피곤하면 쉬는 것이 곧 삶의 실상이다. 어리석은 사람은 알지 못한 채 비웃지만, 지혜 있는 사람이라면 꾸밈없는 일상의 소중함을 안다. 옛사람도 말하기를, '밖을 향하여 공부를 짓는 것은 모두 어리석은 녀석들의 짓이다. 밖에서 오는 것은 언젠가는 흩어져 떠나 버릴 것이며, 오직 자신의 마음에서부터 실상을 바라보는 눈이 깨어나야 하는 것이다.'라고 했다. 구도자들이여, 어느 장소에서든지 자기 존재의 주인일 수 있다면, 가는 곳마다 모두가 참된 곳이다. 어떠한 경계에도 잘못 끄달리는 일은 없을 것이다.

―『임제록』

사과나무나 떡갈나무가 같은 속도로 성숙해야 한다는 법칙이
어디 있겠는가. 저마다 자기가 듣는 북소리에 맞추어
걸어가야 한다.

헨리 데이비드 소로

제2부

내		존	재	에			
날	개	를					
달	아	주	는		말		

나는 당신을 '빛'이라고 부르고 싶다.
만나는 사람이든 누구이든 나는 그를 '빛'이라고 부르고 싶다.
'빛', '빛', 하고 부르면 어느새 내 마음도 그의 마음도
'빛'에 물들게 될 테니까. 천 년의 어둠도
빛을 만나면 한 순간에 빛으로 화해 버리듯이,
내가 '빛'이라고 말하는 그 순간,
어둠은 더 이상 설 자리가 없어져 버릴 테니까.

봄이 그대라는 사건을 저질렀다

●

식물이 흙 속에서 물과 영양분을
빨아올리는 힘은 어디에서 오는가.
햇빛과 바람으로 탄소동화작용 일으켜
푸른 잎 틔우고
마침내 꽃으로 벙그러지게 하는
그 힘은 어디에서 오는가.

온 우주가 공모하여
세상의 모든 꽃을 피우고
'그대'라는 존재의 꽃 또한 피어낸 것.

봄이 벚꽃에게 저지르는 일을 그대에게 저지르고 싶다.

파블로 네루다

거룩한 당신

●

거룩함이란
그대 자신 안에 이미 깃들어 있는
신성한 눈부심입니다.
그대가 아무리 애써 외면해도
그대는 그 빛을 가릴 수 없습니다.
찡그리고, 화를 내고, 오만가지 울상을 지어도,
그대는 그 빛을 구기려고 헛되이 애쓰고 있는 것일 뿐.
세상의 어느 누가
빛을 구길 수 있겠습니까?
빛은 구길 수 없습니다.

그대는
빛의 변주곡을 연주하는 것일 뿐.

나는 집안에 틀어박혀 소중하기만 한 가을 햇살을 낭비하는 것을
견딜 수 없어 낮 시간을 대부분 밖에서 보낸다.

너새니얼 호손

태양을 돌게 하는 그 힘이

●

정자와 난자가 있고, 그 둘이 합쳐진다. 그러면 세포들이 형성되기 시작한다. 분열과 결합을 반복하면서 세포들은 뇌와 뼈와 눈동자, 손가락, 발가락, 심장, 간이 된다. 이 세포들이 배아에서 아기가 되도록 만드는 것이 바로 '자연 지능'이다. 도토리를 떡갈나무로 만드는 것이 바로 이 자연 지능이다. 행성들이 태양을 중심으로 계속해서 공전하게 만드는 것이 바로 이 자연 지능이다. 바로 이 자연 지능이 우리 몸속에서 끊임없이 작동하고 있다. 지금 이 순간도 우리의 폐는 숨을 쉬고 있으며 심장은 뛰고 있다.

―마리안 윌리엄슨

우주가 이렇게 광대할 줄을 우리가 결코 상상하지 못했듯이, 우리 자신이 이렇게 대단할 줄을 직관과 성찰로 알아내지 못했다. 이제 우리는 내면 우주의 광대함을 처음으로 언뜻 목격하는 중이다. …뇌는 얼마나 당혹스러운 걸작인지. 그리고 이 뇌에 주의를 돌릴 수 있는 의지와 기술이 있는 시대에 살게 된 우리는 얼마나 행운아인지. 우리가 우주에서 발견한 가장 놀라운 것. 그것이 뇌이고, 그것이 우리다.

데이비드 이글먼, 『무의식은 어떻게 나를 설계하는가』

그대 자신이 생각하는 그대보다

●

그대는 그대 자신이
생각하는 그대보다
더 크다.

그대는 그대 자신이
생각하는 그대보다
더 밝다.

허락하라,
지금 그대 안에서
봉오리를 내밀고 있는
그대가 생각하는 그대보다
더 크고 더 밝은
그대 자신이
꽃을 피우도록.

나에게 하찮은 것은 없습니다,
아무리 작고 미미한 것이라고 해도 나는 사랑합니다.
…사물들 주위로 신비의 동심원을 그려가면서
언제 마무리 지을지 나는 알지 못하지만,
내 모든 것을 다 바쳐 해볼 뿐입니다.
릴케, 『기도 시집』

당신을 '빛'이라고 부르고 싶어요

●

풀잎은 퍽도 아름다운 이름을 가졌어요.
우리가 '풀잎', '풀잎' 하고 자꾸 부르면,
우리의 몸과 마음도 어느덧 푸른 풀잎이 돼버리거든요.

―박성룡, "풀잎" 중에서

우리가 사용하는 말은 우리의 겉거죽 의식으로는 생각하기 어려운 파워를 지니고 있다. 어찌 '풀잎'이라는 단어뿐이겠는가. 우리가 '진리'라고 말하는 순간, '생명 사랑'이라고 말하는 순간, 우리의 진동주파수는, 우리가 그 이전에 어느 주파수 자리에 있었든, 훌쩍 상승한다.

나는 당신을 '빛'이라고 부르고 싶다. 만나는 사람이 누구이든 나는 그를 '빛'이라고 부르고 싶다. '빛', '빛', 하고 부르면 어느새 내 마음도 그의 마음도 '빛'에 물들게 될 테니까. 천 년의 어둠도 빛을 만나면 한 순간에 빛으로 화해 버리듯이, 내가 '빛'이라고 말하는 그 순간, 어둠은 더 이상 설 자리가 없어져 버릴 테니까.

먹어도 먹어도 배부르지 않은 햇빛을
연초록 잎들이 그렇게 하듯이
핥아먹고 빨아먹고 꼭꼭 씹어도 먹고
허천난 듯 먹고 마셔댔지만
그래도 남아도는 열두 광주리의 햇빛!
나희덕, "허락된 과식" 중에서

있는 그대로

●

이름표나 자격증을 필요로 하지 않는
해나 달이나 산이나 강이나 들꽃처럼
그대 존재의 아름다움을 위해서는
그 어떠한 장식도 필요치 않다.

하늘의 별만큼이나 많은 그대의 숨구멍으로
햇살 병정들과 달빛 요정들이 들락거린다.

그 무엇으로도 채울 필요가 없다
그 무엇으로 채우려는 순간
그대의 문 하나가 닫혀 버린다

벌거벗은 그대로
그대는
별처럼 해처럼
저 스스로 빛난다.

거룩한 삶이 갖는 평온하고 우아한 아름다움은 이 세상에서
하나님의 힘 다음으로 막강한 영향력을 가지고 있다.

파스칼

천 개의 꽃잎을 가진

●

그대여, 꽃을 보려고 정원으로 가지 말라.
나의 친구여, 그렇게 떠돌면서
마음을 어지럽히지 말라.
그대의 몸안에 꽃들이 만발한 정원이 있다.
천 개의 꽃잎을 가진 꽃들이 피어 있다.
그것이 그대의 앉을자리가 되어 주리라.
그 꽃잎 위에 앉으라, 그대여,
거기에 앉아
정원 안팎에 가득 피어 있는 아름다움을 보라.

—카비르

카비르는 인도의 시인으로, 신을 찾기 위해 헤매지 말라고 노래한다. 신은 히말라야 산정에도 없고, 신전에도 없으며, 모든 존재의 호흡 속에 깃들어 있다고 노래한다.

남김없이 사랑하기

●

당신 자신의 전체성(이제는 인간의 몸을 입고 있는)을 껴안고 사랑하십시오. 그럼으로써만이, 당신의 인간성을 넘어서서 조건 없는 무한한 사랑을 볼 수 있을 것이고, 자신이 창조의 불꽃임을 볼 수 있을 것입니다. 당신의 인간성을 껴안으십시오. 인간으로서의 실수도, 약점도, 사악함도 함께 껴안으십시오. 어린애 같은 나약함도, 희망도, 함께 껴안으십시오. 생애의 마지막 때를 위하여 인생의 스펙트럼 전체를 껴안으십시오. 삶이라는 장대한 환상의 스펙트럼, 그 모두를 껴안으십시오.

자기 자신을 전체로서, 온전히 사랑하십시오. 못마땅한 점들도 함께 사랑할 수 있을 때, 진정한 내면의 평화가 찾아듭니다. 그렇게 조화를 이룬 사람은 자신의 진정한 자아와 불화를 일으키지 않으며, 자신을 비난하지 않습니다. 자기 자신을 조건 없이, 부모가 자녀를 사랑하듯 사랑할 수 있습니다. 자신을 참답게 사랑하는 사람만이, 만나는 모든 이들에게 사랑의 빛을, 내면의 평화를 전해 줄 수 있습니다. 인간의 몸을 입고 있는 동안에는 이것이 어려운 일이겠지만, 한편으로 매우 단순한 일이기도 합니다.

―솔텍을 통하여 아크나톤이 말함

살 날이 얼마 남지 않았음을 느낄수록 가장 후회되는 것 중 하나는, 스스로 원하는 사람이 아닌 다른 사람들이 원하는 사람이 되려고 했다는 것이다.

섀넌 알더

그대는 누구인가

●

그대 안에 무엇이 있어 목이 마른 줄 알고, 배가 고픈 줄을 아는가? 누군가 그대의 이름을 부르면 '네?'라고 대답할 줄 아는 것은 그대 안의 무엇인가? 그대 안에 누가 있어 그대가 잠을 잘 때에도 그대의 심장 박동을 뛰게 하는가? 그대 안에 무엇이 있어 세상을 알아보고 세상을 향해 그대 자신이 살아 있다는 신호를 보내는가? 그대 자신과 너무나 가까이에 있어 만질 수도 없고 닿을 수도 없는, 그대의 전부이면서도 딱히 이것이라고 지적할 수도 없는 무엇이 있어, 그대 삶의 춤을 추게 하는가?

그대를 통해 보고 듣고 말하고 온 생애를 나부끼는 '그것'은 필경 모두의 몸 안에서, 살아 있는 모든 생명체 안에서 꿈틀거리는 '그것'과 다르지 않으리라.

시간의 바퀴가 굴러가기 이전부터 존재해 온 '그것'은 그대를 통해 자신을 드러내고, 표현하고 있는 중이다. 울고 웃고 몸부림치고 있는 중이다. 그대를 통해서 자신을 해방시키고 있는 중이다.

그러니 그대는 그대이기 이전에 '그것'이다. 만물 안에 있는, 밖에 있는, 아래에 있는, 위에 있는, 너머에 있는, 너머의 너머에 있는 '그것'이다. 그대가 곧 '그것'이다.

삶에 지친 나를 껴안아 준다.
연약해져 있는 나를 보듬어 준다.
혼란스러워하는 나를 격려해 준다.
보듬고 껴안고 격려해 주고 사랑해 준다.

문득 어디에선가 들려오는 소리가
"그대는 그대가 생각하는 그대 이상이다"

●

사랑하는 아이야, 그대 스스로 한계를 짓는 것일 뿐, 어떠한 한계도 없이 마음껏 뛰놀면서 배우도록 설계되어 있는 이 지구별 놀이터에서, 오늘 하루도 수고가 많았구나. 언젠가 그대도 찬탄하였듯이, 나뭇잎 한 장에도, 벌레 한 마리에도 인간의 과학으로는 감히 측정할 수도 없는 기적이 스며들어 있는 것이 사실이다. 하물며 인간의 몸 마음이야 말할 것이 있겠느냐? 그대를 이루는 37조 개의 세포 하나하나에도 천문학적인 수리적 정밀함과 놀라운 디자인 감각으로 설계된 엄청난 정보가 저장되어 있다는 것을, 그대 역시 알아차려 가고 있지 않느냐?

내가 그대에게 선물한 200만 개의 시각 신경섬유를 활용하여 그대는 오늘 무엇을 보았느냐? 1만 개의 청각 신경섬유를 활동하게 하여 무엇을 들었느냐? 206개의 뼈와 600개의 근육을, 무엇을 위해 움직거렸느냐? 나는 그대에게 인간의 값으로는 헤아릴 수 없는 보물을 주었으나 그대는 그 보물을 제대로 알아보기나 한 것이냐? 그대의 소중한 보물을 쓰레기나 다를 바 없는 것들과 바꿔치기 하느라 수고하고 애쓰고 있는 것은 아니냐?

그대가 자신을 누구라고 생각하든, 그대는 그 이상이다. 그대 자신을 폄하하지 말아라. 그 무엇도 두려워하지 말아라.

아무런 조건 없이 자기 자신을 사랑하는 것이야말로
평생 연애의 시작이다.

오스카 와일드

거룩한 자리매김

●

당신의 가장 내밀한 곳에는, 어떠한 죄도 없는 자리가 있습니다. 그 어떤 것도 더럽힐 수 없는 성스러움의 자리가 있습니다. 그 자리를 깨닫게 되면, 당신은 비로소 "존재하기" 시작하고, 심지어는 하늘에 계시는 아버지처럼 존재하기 시작할 수 있습니다.

오감의 세계에서 살면서도 가장 내밀한 영의 세계에 중심을 두고, 평정을 유지하십시오. 어떠한 방해도 용납하지 마세요. 사람들로 하여금 저마다 자기 안에 내주하는 영적 세계의 풍요로움이 있다는 것을 발견하도록 도와주십시오. 그들을 도울 때에는, 당신 자신의 방식만을 고집하지 않도록 조심해야 합니다. 그들 자신이 자신을 돕도록, 그래서 그들 스스로 모든 좋은 것들의 근원으로 들어가도록 해주는 것이 훨씬 더 차원 높은 도움입니다.

지금 당신은 어두운 색안경을 쓰고 있지만, 눈에 보이고 느껴지는 것을 넘어서게 되어 구름과 안개를 뚫고 영적인 인식이 펼쳐지게 되면, 실상에 대한 깨달음의 소망으로 늘 기뻐하게 될 것입니다. 당신에게는 지금 놀라운 시간이 펼쳐지고 있습니다. 당신의 날개는 자라고 있는 중이고, 영적인 몸이 실제로 존재하기 위해서 준비 중입니다.

모든 원자 속에는 전체성이 내포되어 있습니다. 하나님의 전체성은 풀잎 하나에도 깃들어 있습니다.

당신이 이미 충분하다는 것을 받아들이십시오.

웨인 다이어

사랑의 태양

●

사랑은 머물지 않는다.
사랑은 내일을 위해 오늘을 유보하지 않는다.
사랑은 아껴쓸 필요가 없는 유일한 것이다.

태양을 보라.
태양계 전체 질량의 99.6%를 차지하면서도
지구 생명체들을 위해
1초에 30만 킬로미터를 달려온다.

햇빛 가루를 골고루 뿌려
천지에 생명이 꽃피게 한다.

그대 안에도
사랑의 태양이 타오르고 있다.

어디를 가든, 날씨가 어떻든,
항상 당신만의 햇빛을 지니고 다녀라.

앤서니 J. 당젤로

침묵의 목격자

●

대상에 의존하는 삶의 첫 번째 특징은 '피곤함'이다. 왜 그럴까? 상대하는 것들에 자기 힘을 모두 쏟아야 하기 때문이다. 결국 그것은 우리 몸을 불편하게 하고, 심하면 병들게까지 한다. 대상에 의존하는 삶은 불행의 근본 원인이다.

당신은 침묵의 목격자로서, 모든 생각을 생각하는 자가 바로 당신임을 인식한다. 당신이 "나는 그 일에 대하여 이렇게 생각한다"고 말할 때 그 '나'는, 생각 배후에 있는 생각하는 자를 암시한다. 그 생각하는 자, 말없는 목격자가 당신의 생각들 사이, 침묵의 틈에 있다. 그것은 몸이나 마음 안에서 발견되지 않는다. 몸과 마음 너머에 있기 때문이다. 모든 생각과 생각 사이에 침묵의 작은 틈이 있다. 거기가 당신이 참 당신을 발견할 수 있는 곳이다. 바로 그 틈이, 그것을 통해서 당신의 개인적 마음이 우주의 마음과 연결되는 통로, 창문, 변형의 소용돌이다.

침묵의 목격자, 그가 프로그래머이다. 깨친 자, 선택하는 자이다. 침묵의 목격자는 변하지 않는 당신의 한 부분이다. 당신의 '변하지 않는' 부분과 만날 때, 그때 당신의 '변하는' 부분 안에서 변화가 일어날 수 있다.

—디팩 초프라, 『우주 리듬을 타라』

사람들의 내면에는 저마다 그들만의 태양이 있다.
그 태양이 빛나도록 허용하기만 하라.

소크라테스

가장 큰 기적

●

사람들이 갖고 있는 문제의 대부분은 세상에서 가장 큰 기적이 바로 자기 자신이라는 사실을 잊어버린 데서 비롯됩니다. 우리는 기적을 찾아 온 세상을 헤집고 돌아다니지요. 신성한 장소를 방문하고, 구루나 선생이나 다른 누군가를 찾습니다. 이것은 단지 우리 자신이 누구인지를 잊어버렸기 때문입니다. 아침마다 거울 앞에서 당신 자신에게 미소 지으세요. 당신이 할 수 있는 가장 좋은 말을 하고, 부드럽고 사랑스럽게 당신의 눈을 들여다보세요.

―바탈리 기베르트, 『미래 모델링』

해묵은 증오가 사랑으로 변하는 자리,
그곳이 바로 지상에서 가장 거룩한 곳이다.
헬렌 슈크만, 『기적수업』

이미 내장된 것

●

티끌 같은 세계, 헤아릴 수 없이 많은 저 세계가 한 티끌 속에 들어가, 언제나 거리낌없이 살림살이를 드러내고 있습니다. 볼라치면 보이지 않고 캄캄하기만 하지만, 쓰면 끝이 없어 밝고 뚜렷합니다. 지난날과 오늘날, 또 앞으로 오실 부처님들도 모두 이 바람 아래 계시고 대대로 내려온 조사 스님들도 삼천 리 밖으로 물러섭니다. 말해 보십시오, 이것이 무엇이길래 그렇게도 대단합니까? 환히 알았습니까? 환히 알기만 한다면 어디로 가나 이름이나 모양새를 훌쩍 벗어나 그른 것을 베어 없애고 바른 것을 드러낼 것이며, 옆으로 잡거나 거꾸로 쓰거나, 죽이고 살리는 일을 멋대로 해낼 것입니다. 그는 한 줄기 풀로 부처님을 만들고 부처님으로 한 줄기 풀을 만들 것입니다.

―『나옹 스님 어록』(무비 역주)

지구가 태양을, 태양이 중심태양을 돌 듯이,
아침 낮 저녁 밤의 하루 속에 봄 여름 가을 겨울의 사계절이,
사계절 속에 인생 전체가 들어 있듯이,
우리들 각자 안에도 우주 전체가 들어 있으며
하나의 세포 안에도 그 인체 전체의 설계도가 들어 있다.

제3부

사랑의 신비, 끝이 없어라

사랑을 위해서라면
어떠한 것으로도
장식하려 하지 말라,
세상의 모든 꽃들에게는
장식이 필요치 않듯이.

사랑은
스스로 자신을 꽃 피우며
스스로 아름다움의 절정이다.

빛과 빛이 만날 때

●

모든 인간 존재에게서는 하늘로 이어져 있는 성스러운 빛이 뿜어져 나온다. 함께 있기로 운명지어진 두 영혼이 서로를 발견하는 순간, 이 빛줄기는 하나가 된다. 그리하여 하나가 된 두 존재는 두 빛을 하나로 합해 더 밝은 빛을 내뿜게 되는 것이다.

―바알 셈 토브

"두 개의 마음이 만나는 그곳에는 신비가 숨쉬고 있다."

헬렌 켈러

사랑은 우리를 깨우는 우주적 암호

●

최초로 사랑을 느끼고, 그 사랑을 향해 달려가고, 서로 눈빛을 교환하고, 밀고 당기면서 마침내 합일에 이르는 그 모든 과정이, 만나고 헤어지고 기뻐하고 낙담하면서 운명의 파노라마를 펼쳐가는 그 모든 여정이, 우리들의 잠든 기억 세포를 일깨우기 위한 우주적인 암호이다.

연인의 눈짓 한 번에도 수천 수만 년 동안 잠들어 있었던 내 안의 비밀이 옷을 벗고 정체를 드러낼 수 있다. 짤막하나 다정한 한마디 말 속에서도 기쁨과 웃음보다는 눈물과 한숨이 더 많았던 윤회의 기나긴 수레바퀴, 그 편린이 모습을 드러낼 수 있다. 너와 내가 이렇게 만났다는 인연의 고리에 신비감을 느끼고, 서로를 밀고 당기며 사랑의 숨바꼭질을 거듭했던 파트너와의 기나긴 여정을 돌아볼 수도 있을 것이다. 우주가 연출해 내는 장대한 인연극의 배우로서 겪었던 그 숱한 희로애락의 무늬들을 엿보면서, 거기에 숨겨진 우주의 아름다운 청사진에 감탄사를 거듭하는 기쁨을 맛볼 수도 있으리라.

사랑은 우리 모두가 살아가는 이유이다.

니체

사랑이라는 선물

●

눈맞춤은 서로의 눈동자 속에 깃든 DNA 가닥들을 주고받음으로써 닫힌 문을 여는 최초의 신호탄이요, 보듬고 쓰다듬는 행위는 기나긴 윤회의 여정이 가져다준 억눌림을 풀어 주고 녹여 주어 우주의 절대적인 안전함을 확인하는 절차요, 밀물과 썰물이 되어 주고받는 성행위와 오르가슴은 '우주적 빛과의 합일로 통하는 경이로운 문'이다.

사랑은 우주가 안겨준 고귀한 선물이다. 그 선물을 헤프게 낭비하여 빛과의 합일 시간을 늦출 것인가, 내 안의 빛을 터뜨리는 격발제로 삼을 것인가는 전적으로 각자의 자유 의지에 달려 있다. 우주는 그 무엇도 강요하는 법이 없기에.

사랑은
무한히 확장되고 있다는 느낌을 안겨준다.
마르셀 프루스트

사랑의 자리

●

사람들 사이의 관계를 지배하기 위해 그토록 많은 법이 필요하다면, 그것은 사랑이 아직 그들 안에 거하지 않기 때문이다. 일단 그들이 진정한 사랑이 무엇인지 알게 되면, 일단 그들이 이 사랑과 함께 살게 되면, 그들은 더 이상 그들이 할 수 있는 것과 할 수 없는 것을 상기시키는 법이 필요하지 않을 것이다. 왜냐하면 그들은 서로 조화를 이루는 방법을 자발적으로 찾을 것이기 때문이다. 사랑은 모든 것을 조직하고 성장하고 꽃을 피우는 유일한 힘이다. 가정이나 공동체나 사회에 사랑이 있을 때, 더 이상 '이렇게 해라'라고 말할 필요가 없어진다. 그리고, 그렇게 하지 않으면 문제가 생긴다. 모두가 즐거운 마음으로 자신의 일을 수행한다. 사랑이 있는 곳에는 법이 필요하지 않다.

―미카엘 아이반호프 옴람

**사랑이 없다면
우리 인생은 아무 의미가 없다.**
헤르만 헤세

무한한 사랑의 소립자들

●

과학자들이 인간 존재의 가장 순수한 소립자를 추출할 수 있다면, 그래서 그것을 현미경으로 들여다볼 수 있다면, 그들은 '무한한 사랑'이라는 소립자를 보게 될 것이다.

아무 조건 없는 무한한 사랑, 그것이 인간의 정수이자 본질이다. 그것이 인간 존재라는 옷감을 떠받치고 유지하는 씨줄이자 날줄이다. 그것은 또한 창조주의 정수이기도 하다. 우리 모두가 다 창조주의 불꽃이며, 모두가 다 경이로운 창조주의 소립자들이다. 우리들 각자는 위대한 창조주의 세포들이며, 가장 순수한 소립자들이다. '무한한 사랑'의 소립자들이다.

―솔텍

사랑은 존재하는 것만으로
이미 완전하다는 것을 알게 한다.
에밀리 디킨슨

끝나지 않는 사랑

●

헤아릴 수 없는 모습으로, 헤아릴 수 없는 시간 속에서, 그대를 사랑했던 것 같네요.
생에서 생으로, 세대에서 세대로 이어지며 영원히.

―라빈드라나트 타고르, "끝나지 않는 사랑"

사람들과 세상을 사랑할 때
우리는 진정 살고 있는 것입니다.
라빈드라나트 타고르

사랑에 취하여

●

그대를 사랑하다 보니
맑은 정신을 잃어버리고 말았어요.
미친 사람처럼
사랑에 취해 버렸어요.
짙은 안개 속에서 헤매듯이
나는 내가 낯설어졌어요.
너무 많이 취해서
집으로 가는 길도 잃고 말았어요.
정원에 들어가도 보이는 것이라곤
그대 얼굴뿐이고
꽃을 보아도
그대의 향기가 납니다.
사랑의 황홀함에 취하여
이제 나는 내가 술에 취했는지
술이 나를 마셔버린 건지도 모르겠고
사랑하는 이와 사랑받는 이가
어떻게 다른지도 모르겠습니다.

—루미

두려움으로 사는 사람은 나누고 분별함으로써
자신의 성을 쌓기에 분주하지만
사랑 속에서 사는 사람은
그 모든 경계선을 지워버립니다.

사랑을 흐르게 하라

●

사랑의 이름으로
그대의 연인을 가두지 말라

사랑하는 이들을
가두지 말고 흐르게 하라

어떤 것도 가두지 말라
가두는 것, 정체된 것은
병이 된다

그대의 피가 온몸을 돌듯이
그대의 사랑을 흐르게 하라

그대가 만나는 모든 이들을
방면하라, 방면하라

사랑을 가두지 말라
저 스스로 흐르게 하라

여행은 가는 곳 모두가 다 목적지이듯이
사랑은 목적지가 따로 없습니다.
사랑은 사랑 자체가 목적입니다.

사랑은 스스로 길을 찾는다

●

사랑을 위해서라면
어떠한 일정표도 만들지 말라,
사랑은 스스로 자기 길을 찾는다.

사랑을 위해서라면
어떠한 것으로도
장식하려 하지 말라,
세상의 모든 꽃들에게는
장식이 필요치 않듯이.

사랑은
스스로 자신을 꽃 피우며
스스로 아름다움의 절정이다.

사랑으로 하여금
자기 길을 가게 하라.
사랑으로 하여금
자기 할 일을 하도록 허용하라.

보리죽을 떠먹든 맛있는 빵을 먹든, 누더기를 걸치든 보석을 휘감든, 사랑하는 힘이 살아 있는 한, 세상은 순수한 영혼의 화음을 울렸고, 언제나 좋은 세상, 옳은 세상이었다네

헤르만 헤세

사랑은 주먹을 펴는 것

●

움켜쥐지 마,
움켜쥐는 것은 두려움이야.
주먹을 활짝 펴,
하늘 기운이 다 들어오도록,
그것이 사랑이야.

움켜쥐면
그것뿐이지만,
펴면
전부가 네 것이잖아.

네가 곧
세상이잖아.

두려움은 말한다.
"내가 그대를 안전하게 해주겠어."
사랑은 말한다.
"그대는 이미 안전해."
팻 로데가스트, 「사랑을 선택하라」

삶—살아있는 것들의 축제

●

사랑에는 다른 목적이 없습니다. 사랑은 사랑 자체를 위해 존재합니다. 의식이 잠에서 깨어나면, 있는 그대로의 사랑이 깨어납니다. 모든 것이 있는 그대로 사랑입니다. …우리가 원하는 것을 얻게 되었을 때나 완벽한 짝을 만났을 때의 사랑과는 다릅니다. 하찮은 구두끈을 갖고 있다는 사실에서, 혹은 발톱이 존재한다는 사실에서 느끼게 되는 그런 사랑입니다. 모든 것이, 모든 사람이 '하나'라는 것을 깨달음으로써 삶 자체가 기적으로 느껴지고, 거기에서 엄청난 사랑이 샘솟아납니다.

존재하는 모든 것이 '텅 빈 충만'임을 몸으로 마음으로 영혼으로 경험하게 되면, 당신의 존재가 춤을 춥니다. 실제로 몸이 춤을 추기도 합니다. 당신이 춤을 추는 것은 공(空)이 춤을 추는 것입니다. 그때 우리는 그러한 사랑 안에, 그러한 기쁨의 춤 속으로 깊이 깊이 들어갑니다. 그때 우리는 사랑이요, 춤이요, 기쁨 자체가 되고, 그러면서도 더할 나위 없이 고요히 가라앉아 있습니다. 그 무엇도 주장하지 않는 우주 자체가 되어, 고요히 가라앉아 있습니다. 거기에는 사랑이 있고, 점점 깊어져 가는 침묵이 있습니다.

—아디야 샨티, 『춤추는 공(空)』

사랑이 깨어나면
존재 전체가 축제가 됩니다.

사랑이 살아 숨쉬는 자리

●

함께 가든 서로 멀어져 가든, 사랑은 늘 거기에 있습니다. 성취의 위대한 순간에도, 불확실성 속에서 헤매는 어둠의 시간에도, 사랑은 늘 거기에 있습니다. 비극 속에서 눈물짓든, 승리의 기쁨에 취해 있든, 사랑은 늘 거기에 있습니다. … 아무도 돌봐주지 않는 외로움 속에 버려져 있다고 느낄 때도, 사랑은 언제나 거기에 있습니다. 인생을 이해할 수 있게 되었든, 아직도 길을 잃고 헤매고 있든, 사랑은 언제나 거기에 있습니다.

―매트 칸, 『사랑 사용법』

세상에 사랑이 없는 곳은 없다.
우리들 내면의 문이 닫혀 있는 것뿐이다.

무한한 연료

●

지상에서나
천상에서나
써도 써도 다함 없는 연료는
사랑뿐이다.

세상의 모든 길은
사랑에 뿌리 내리고
사랑에서 뻗어 나오는 가지 같은 것.

그것이 아무리 정의를 위한 일이라도
큰 사랑에서 나온 것이 아니라면
한갓 그대를 소모시키는
작은 전쟁일 뿐.

사랑은 닳아지지 않는다.
깊어질수록 오히려 날로 새로워진다.

이유 없이 솟아나는 사랑 안에서

●

우리는 어떤 정체성 안에서 존재하고 싶어해. 그리고 바로 그런 태도가 자기 자신의 모습을 잃게 만들지. 아무것도 바라지 않으면 그 즉시 자유로워질 수 있어. 미래에 대한 기대감이 빚어내는 무거운 짐에서 벗어나기 때문이야. 내가 생각하기에 인생은 이런저런 모습이고 싶다는 바람으로 결국 요약되는 것 같아. 게다가 그런 모습으로 인정받고 싶다는 욕망도 있고.

무엇보다도 우리 자신의 변화, 인생의 변화 자체를 기쁘게 음미해야 해. 우리 존재의 가장 깊숙한 곳에 자리한 생명력을 느낄 때, 바로 그때 우리는 행복해지고 사랑으로 충만해질 수 있어. 이유 없는 사랑, 존재하는 모든 것과 우리가 만나는 모든 사람에게 아무 대가 없이 줄 수 있는 사랑 말이야.

―기 코르노,『생의 마지막 순간 마주하게 되는 것들』

꽃씨 속에 미래의 꽃이 지닐 빛깔과 향기가 자리하고 있듯이
우리 안에는 우리가 피우게 될 사랑의 꽃이 이미 내재되어 있다.

사랑 안에서 길을 잃어라

●

사랑 안에 있으면
길이 사라져버린다
어느 길이라도 다
넘치도록 좋은 길이다

사랑 안에 있으면
누구나 길을 잃는다

길을 잃어도
찾을 생각이 나지 않으면
그대는
사랑 안에 있는 것

그러니
사랑 안에서
길을 잃어버려라

지혜로운 사람은
황금빛 햇살을 비추며 떠올라 만물에게 빛과 따뜻함을 주는
태양 속에서 생명의 주를 본다.
지혜로운 사람은
그 태양의 에너지가 모든 형상 속에 존재하고 있음을 본다.

우파니샤드

제4부

이렇게 경이로운 세상

신은 없이 계시는 데가 없는 분이시기에,
바로 지금 이 자리에도 살아 숨쉬고 계시다.
신은 '나'라는 이 개체 안에도 살아 숨쉬고 계시고,
나의 욕망 안에도, 나의 눈물 콧물 안에도,
살아 숨쉬고 계시다.

별과 별을 돌게 하는 그 힘이

●

사랑은 존재하는 모든 것이요,
우주를 창조하고 유지하는 에너지이다.
신이 바로 사랑이며,
모든 것은 사랑에 의해 만들어진다.
타오르는 태양의 불길도,
몸뚱아리의 세포도,
가슴 속의 의식도,
모두가 사랑으로 이루어진다.

사랑이 아니라면 그 무엇이
별과 별이 서로를 돌고 돌게 하겠는가.

온 세상 다 뒤집어보라,
사랑 아닌 것으로 인해 태어난 무엇이 있는가를.

꽃 선물

●

수천억 개의 별들이 모여 사는 우리 은하의
한 모퉁이에 자리한 태양,
태양의 세 번째 행성인 이 지구별에
철마다 피고 지는 8천 가지의 꽃들이
선물로 도착했다,
발신지도 없고 이름도 없는 선물이.

언제부턴가 사람들은
사랑의 마음이 옹달샘처럼 솟아나고
뭉게구름처럼 피어날 때마다
신의 연애편지인 꽃으로
마음을 보낸다.

세상에는 왜 그렇게도 많은 꽃들이 있는가?
온 우주에는 왜 그렇게도 많은 별들이 있는가?

신비가 만발한 세상에서

●

조르바는 산울타리 곁에 갓 핀 수선화 한 송이를 꺾어 한동안 들여다보았다. 봐도 봐도 부족하다는 듯이, 수선화를 생전 처음 보는 사람처럼 들여다보았다. 눈을 감고 냄새를 맡더니 한숨을 쉬고 꽃을 내게 건네주었다.

"보스, 돌이나 비, 꽃이 하는 말을 알아듣는다면 얼마나 좋을까요? 우릴 부르고 있는데 우리가 듣지 못하는 걸지도 몰라요. 보스, 언제쯤이면 우리 귀가 열릴까요? 언제쯤이면 우리가 두 팔을 벌려 돌이나 비, 꽃, 사람들 같은 모든 만물을 안을 수 있을까요? 보스, 어떻게 생각해요?"

―카잔차키스, 『그리스인 조르바』

태초에 갓 태어난 짐승을 바라보듯이
주변의 모든 사람들을 낯설게 바라보기.

신비와 함께 걷는 길

●

창 밑에 피어 있는 장미는 이전에 피었던 장미나 더 아름다웠던 장미의 이야기를 하지 않는다. 장미는 그 자체로 장미다. 오늘 하나님과 함께 존재하는.

그대도 나와 마찬가지다. 어느 누구에게도, 심지어 삶 자체에게도 어느 것 하나 요구하지 않는 경지에 이르도록 마음을 맑게 하라. 마주치는 모든 사람에게서 맑고 환함을 찾아보라. 그것을 받아들여라. 그러면 마술을 부리는 마음의 창이 스르륵 열린다.

그대 안에 둥지를 틀고 있는
고요하고 보이지 않는 빈 공간에 대고
길을 물어라.

―웨인 다이어, 『기적을 만드는 당신』

우리들의 기대와 바람은
그 기대와 바람보다 더 큰 것이 들어오지 못하도록 가로막는
장애물이 될 수도 있다.

살아있는 경전

●

"진리는 경전 속에 있는 것이 아닙니다. 진리는 살아 있는 것이지만, 경전은 죽은 것이기 때문입니다. 활자로 쓰인 모든 경전은 다 잊어버리고, 가능하면 다 불태워 버리십시오. 왜냐하면 그것들이 오히려 걸림돌이 되어 살아 숨쉬는 진리를 보지 못하도록 가로막는 경우가 많기 때문입니다. 그대들에게 진실로 말합니다. 모든 생명 안에, 그 자체 안에 진리가 적혀 있습니다. 그대들은 풀잎 속에서, 나무 속에서, 강 속에서, 산 속에서, 하늘을 나는 새 속에서, 바다의 물고기들 속에서 진리를 찾을 수 있습니다. 하지만 먼저, 그대들 속에서 그것을 찾도록 하십시오."

―『에세네 평화의 복음』

자연을 제껴놓은 채 천국을 이야기할 수는 없는 노릇이다.
그 얼마나 대지에 대한 모욕인가!

헨리 데이비드 소로

음식

●

음식은 '신께서 보내시는 사랑의 편지' 같은 것이어서,
에너지로 가득 차 있다.
그렇게 의식하고 먹는다면,
우리는 신께서 보내시는 에너지를 섭취하게 된다.
먹을 때마다 우리는
우리 자신을 창조계 전체와 연결시킬 수 있다.
고요하고 조화로운 마음으로 음식을 먹을 때,
우리 몸은 음식 안에 숨겨진 모든 에너지를 흡수하게 된다.

―옴람 미카엘 아이반호프, "영양 요가에 대하여"

식물은 태양 에너지와 물의 결합체로서 존재하는데, 사람은 빛을 바로 섭취할 수 없으므로 식물을 먹음으로써 식물 내에 존재하는 빛 에너지와 물 등 여러 가지 영양소를 섭취할 수 있다. 그러므로 식물을 섭취한다는 것은 신의 품성인 사랑의 빛과 하나가 되는 것이다.

이도경, 「채식의 즐거움」

신의 나라에는 빼기가 없다

●

신의 나라에는 빼기가 없다.
신의 나라에는 포함되지 않는 것이 없다.

신의 사랑에 예외는 없다.
그대 자신은 말할 것도 없이.

그대는 사랑에 포위되어 있다.
그대가 알아차리든 알아차리지 못하든.

타인들의 것을 내 것으로 함으로써 나는 부자가 된다고 생각하지만, 신의 나라에서는 오가는 것이 있을 뿐 총량은 조금도 변함이 없다. 나의 손해는 타인의 이익이 된다는 마음은, 계산하는 머리를 조금은 더 내려놓게 해준다. 계산하는 머리가 우리를 피곤케 하고 노화를 촉진한다.

태양 요가

●

태양은 그 빛과 열기로 우리가 살아갈 수 있도록 해주기 때문에, 신의 이미지에 가장 가깝다. 태양은 음식으로 가득 찬 빛의 수레들을 줄줄이 배달해 준다. 태양이 내보내는 작은 수레들에는 우리가 먹고 마시고 이해하는 데 필요한 모든 것이 들어 있다. 태양에서는 일곱 가지 광선이 매 순간 쏟아져 나오는데, 하나의 광선은 셀 수 없이 많은 작은 수레들을 끌고오는 기나긴 기차와도 같다. 수레에는 우리의 몸을 위한 에너지, 우리의 가슴을 위한 사랑과 기쁨, 우리의 마음을 위한 빛과 창조적인 아이디어들, 우리의 영혼을 위한 열정의 에너지들로 가득 차 있다. 그것들을 먹고 마신다고 생각하면서 그 모든 에너지를 받아들이라.

―옴람 미카엘 아이반호프, "태양 요가에 대하여"

저 태양 속에서 빛나는 것, 연기 없는 불빛 속의 광채들, 위장 속에서 음식물을 소화시키는 불기운—이 모든 것은 창조주의 빛나는 현현이다.
저 불 속에 있는 것, 이 심장 속에 있는 것, 그리고 태양 속에 있는 것, 이 셋은 본질적이며 하나이며 같다.

우파니샤드

세상에 유일하게 없는 것

●

세상에 사랑이 없는 곳은 없다.
첨단과학의 시각으로도 그 끝을 알 수 없을 만큼
너른 우주를 창조하신 분께서는
사랑이라는 미세입자를 구석구석,
없는 곳이 없이 뿌려놓으셨기 때문이다.

사랑이 아니라면 그 무엇으로
이 광대한 우주의 밑그림을 그리셨겠는가?
그분 자체가 사랑이시니
사랑밖에는 낳을 것이 없다.
그분이 창조하신 것들도 모두
사랑의 화신들이고,
사랑의 화신들 역시
사랑을 통해서 사랑을 낳고 퍼뜨린다.

세상에 유일하게 없는 것,
그것은 "사랑이 부재하는 곳"이다.

물 속에 넣은 소금은 녹아서 더 이상 보이지 않지만, 물 속 모든 곳에 골고루 녹아 있어서 짠맛을 나게 한다. 신의 사랑은 없는 곳 없이 골고루 녹아 있다. 다석 유영모는 그리하여 '없이 계시는 하나님'이라고 하였다.

포함하지 않음이 없는

●

신은 없이 계시는 데가 없는 분이시기에, 바로 지금 이 자리에도 살아 숨쉬고 계시다. 신은 '나'라는 이 개체 안에도 살아 숨쉬고 계시고, 나의 욕망 안에도, 나의 눈물 콧물 안에도, 살아 숨쉬고 계시다. 개체의 나는 창조된 개체 자체로 이미 신을 모시고 있는 것이기에, '나'에 대한 신성한 경이감을 일깨우는 그 자리는, 곧 '타인'의 신성에 대한 경이감을 일으켜 세우는 자리이기도 하다. 나의 결핍감, 나의 허기증, 나의 눈물, 나의 분노마저도, 사실은 '배움을 위한 장치로서 신성의 표현'이다. 그렇게 나와 너를 바라볼 때, 개체들끼리의 말 많고 탈 많은 사랑 또한 '영혼들끼리의 사랑'으로 격상될 여지를 품게 된다. 아, 우리는 얼마나 사랑에 배가 고픈가! 배고픈 유령들의 사랑 같은 우리 사랑, 얼마나 불쌍한가. 아, 우리 사랑, 불쌍한 만큼 또 얼마나 위대한가.

이 지구별을 '영혼의 성장을 위한 학교'라고 볼 때, 세상은 불완전한 그대로 완전하다. 레슨 중에 있는 학생에게 어떻게 완전함을 기대할 수 있겠는가.

영원한 하나

●

하늘은 하나를 바탕에 깔고 맑고,
땅은 하나를 바탕에 깔고 평안하고,
정신은 하나를 바탕에 깔고 신령하고,
시냇물은 하나를 바탕에 깔고 흐르고,
만물은 하나를 바탕에 깔고 태어나고,
현명한 임금은 하나를 바탕에 깔고 세상의 기둥이 된다.

—노자, 『도덕경』 39장

만물의 바탕을 이루면서 그것을 창조, 유지하는 '하나'는 도(道)의 다른 이름이다. 스스로 존재하는 자는 오직 도뿐이며, 인간과 삼라만상은 도가 지지해 주지 않으면 한 순간도 존재할 수 없다. 도가 떠나버리면, 우리 몸은 호흡과 피의 순환이 멈추고 형체가 분해되기 시작한다. 태양과 달과 별, 지구도 사라지고, 유형, 무형의 세계가 완전한 무(無)로 돌아간다.

무공(無空), 「근원의 진실을 밝힌 책, 노자 도덕경」

제5부

씻기고 보듬고 상승시켜 주는 말

비바람 몰아쳐도 안으로 안으로 들어가면
푸른 하늘 언뜻언뜻 비치는 "태풍의 눈"과도 같은 곳이 있으니
그리로 가자.
그 안으로 들어가서 거기에서 안식을 찾자.
거기에서 우리의 중심을 회복하고,
그 "거룩함"으로
나와 세상을 다시 만나자.

내맡김이 불러오는 것들

●

항복하고 내맡기면
자유롭고
풍요로워진다.

저항하는 마음이 만들어낸
감옥을 스스로 무너뜨리면
신의 사랑이
밀물쳐 들어온다.

불안과 근심 걱정이 미래에 일어날 일을 더 좋게 만들어 줄 가능성은 거의 전무하다. 애써 짐을 짊어지고 갈 필요가 있겠는가? 가볍고 밝은 걸음으로 가는 것이 훨씬 빠르다.

용서에 걸리는 시간

●

"가라, 너의 죄는 용서되었다."

모든 죄는 순식간에 사면된다,
사랑이 가 닿는 순간.

세상의 모든 죄는
사랑을 몰라서 생긴 죄뿐이다.
스스로 사랑의 소산이며
그러니 사랑으로 사는 것밖에
다른 길이 없다는 것을 모르는
무지의 죄.
스스로 문을 닫아걸고 살아온 죄.

문을 연다,
사랑을 연다.

인생사 전체를
레슨을 위한 배움의 마당에서 이루어지는 일들이라고 볼 때,
우리는 다른 사람들을 훨씬 더 관대하게 받아들일 수 있게 된다.
더구나 인생은 바위 위에 조각칼로 글씨를 새기는 것이 아니라
물 위에 쓰는 글씨에 가깝다.

나에게 바치는 선물

●

감사, 그것은 벽에다 던지는 공처럼
언제나 자기 자신에게로 돌아온다.

―이어령

어디 감사뿐이겠는가. 사랑한다는 마음도 사실은 내가 나에게 베푸는 선물이다. 사랑하는 마음을 품는 순간 몸에서는 옥시토신과 도파민이 분비되어 나를 설레게 하고 행복하게 하기 때문이다. 미워하는 마음을 품는 순간 아드레날린이 분비되어 혈압이 오르고 스트레스 지수를 높인다. 스트레스는 만병의 근원이다.

사랑도 미움도 기쁨도 슬픔도 분노도 고통도 언제나 다 내가 나에게 바치는 선물이다.

분노는 독버섯과 같다. 분노에 사로잡히면 우리 몸에서는 독소가 나온다. 개 한 마리를 네 시간 동안 감금 상태에서 때린 후 검사해 보았더니 시안이라는 독소가 다량 검출되었는데, 그 양이 개 80마리를 능히 죽일 정도였다고 한다. 다른 누군가를 사랑하거나 미워하는 것은 결국 자기 자신을 사랑하거나 미워하는 것이다.

중심에서 살기

●

꽃 한 송이 풀 한 포기라도
사랑하는 마음만 있으면 그곳이
고향이요
중심이요
천국이니
자기를 변방이라고 여겼던
소외감 따위는 흔적도 없이 사라지리

우리가 탓해야 할 것이 있다면
자기 안의 사랑을 보지 못한 채
나를 채워줄 무엇인가가 외부에 있다고 여기고는
줄곧 마음을 바깥으로만 쏟는 경향성이니,
그럴 때마다
속히 자기 안으로 돌아와
자기 안에 깃든 사랑을 보고
그것을 꽃피울 일이다.

지구는 둥그니까 어디나 다 중심이다.
그러니 내가 서 있는 곳이 중심이다.

빛이 내 삶의 주인으로 자리잡을 때

●

내가 빛의 자녀임을 느끼고 실감할 때, 그래서 빛이, 사랑의 빛, 기쁨의 빛, 평화의 빛, 행복의 빛이 내 존재의 중심 자리를 차지하고, 그 빛이 내 삶의 주인이 될 때, 모든 것들이 그 빛에 다 종속될 때, 우리는 죽음을 맛보지 않게 된다. 육체적으로 죽지 않고 천 년 만 년 살아갈 것이라는 이야기가 아니다. 죽음을 맛보지 않게 된다는 것은, 영원한 생명 안에 안겨서 영원한 빛으로 살아가게 된다는 뜻이다. 이렇게 빛이 우리 삶의 주인이 아니게 될 때, 우리의 삶은 어둠에 물들게 되고, 고통으로 몸부림치게 된다. 우리가 거듭나지 않고 깨어나지 않고 삶을 영위해 갈 때, 우리는 살아 있으면서도 죽은 것이나 마찬가지인 삶을 살아가게 된다. 내내 죽을 것 같은 삶을 살아가는 것이다. 그렇게 죽은 것 같은 삶을 살지 않으려면, 우리는 나 자신이 누구라는 정체성의 성을 더 이상 쌓지 말고, 그동안 쌓아온 그 성을 허물고, 다 내려놓고 항복해야 한다. 그럴 때에야 비로소 빛이 우리에게 들어와서 우리의 존재를 차지하고 우리의 주인으로서 우리의 삶을 밝게 끌어갈 수 있게 되는 것이다.

내 삶이 나를 더 많이 열게 하고
스스로 덜 두려워하고
더 다가오기 쉽게 할 것이다
날개가 되고
빛이 되고 약속이 될 때까지
가슴을 자유롭게 하리라

도나 마르코바, 『삶을 살지 않은 채로 죽지 않으리라』

명상

●

명상은,
스스로를 감옥에 가두어 놓고 신음하던 자기 자신에게
사면장을 주어 방면하는 일이니,
알을 깨고 나오는 새처럼
푸른 하늘, 시원한 바람을 만나게 됩니다.

명상이란
세상과 모든 사물들과 존재들 속에 스며 있는
신성한 이와의 눈맞춤이며,
내 안의 거친 파도를 가라앉힘으로써
언제 어디에서나 들리는 섭리의 은밀한 목소리에
귀를 열어놓는 일입니다.

명상은 창문을 열어놓았을 때 들어오는 미풍이다. 그러나 일부러 열어놓는다면, 일부러 바람을 불러들이려 한다면, 그것은 결코 나타나지 않을 것이다.

크리슈나무리티

걷기 명상

●

걷는다는 것은 세계를 향해 자신을 열어놓는 일이다. 발로, 다리로, 몸으로 걸으면서 인간은 자신의 실존에 대한 행복한 느낌을 되찾게 된다. 발로 걸어가는 인간은 모든 감각기관의 모공을 활짝 열어주는 능동적 형식의 명상에 빠져든다. 그 명상에서 돌아올 때면 가끔은 사람이 달라져서, 당장의 삶을 지배하는 다급한 일에 매달리기보다는 시간을 그윽하게 즐기는 경향을 보인다.

오랜 시간 호젓하게 걸어도 절대 외롭지 않다. 오히려 떼를 지어 걷는 중에 뼈저린 외로움을 느끼는 경우가 적지 않다. 소로는 "나는 고독만큼 함께하기 좋은 동반자는 본 적이 없다."고 말한다. 우리는 때로 한적한 곳을 혼자 걷고 있는데도 대로변을 걸을 때보다 훨씬 더 인파에 둘러싸인 듯한 기분을 느끼기도 하는데, 이는 숨결의 무게가 느껴지는 호젓하면서도 훈훈한 존재감이다. 고독하면서도 가득 찬 느낌이다.

―다비드 르 브르통, 『걷기 예찬』

산책은 내게 확고함으로 무장한 신념과 함께 나를 퇴장하게 하고, 유일한 순수성, 헐벗은 영혼으로 남게 한다. 나는 나를 벗어던진 채, 더 이상 내가 알지 못하는 시간 속으로 이동한다. …나는 산책을 통해 호흡을 관찰하며 의식을 깨운다. 호흡은 영혼을 계속해서 불러들인다.

안리타, 「리타의 정원」

사랑결핍증의 치유를 위한 첫걸음

●

지구인으로 태어난 이상 거의 예외 없이 '사랑결핍증'을 앓게 되어 있는 것 같다. 사랑에 대한 허기가 채워지지 않는 이상, 우리의 갈망과 헐떡거림은 멈추지 않을 것이다.

먹을 것이 부족한 것이 아니다. 지구의 식물들은 80억 지구인들이 먹고도 남을 정도로, 아주 작은 씨앗에서 수천 수만 배의 열매들을 생산해 낼 수 있는 능력들을 가지고 있다. 인간의 욕심이 골고루 나눌 수 있는 길을 가로막고 있는 것뿐이다.

이 허전함, 이 헐떡거리는 마음을 멈출 수 있는 유일한 길은, 자기 안에 이미 심어져 있는 신성한 씨앗을 발견하고, 가꾸고, 돌보는 일뿐이다. 자기 안에 이미 충분히 나누고도 남을 사랑이 있다는 것을 발견하고, 돌보고, 키우는 일이다. "사랑결핍증"은 자기 안에 사랑의 샘이 내장되어 있다는 것을 모르는 채 자기 바깥에서 사랑을 찾아 헤매기 때문에 생겨난다. 우리는 외부의 무엇인가로, 누군가로, 채워져야만 온전해질 수 있는 존재가 아니다. 우리의 가장 값진 자산은 우리에게 이미 심어진 내면의 신성이다. 신의 자녀로서의 DNA를 발견하는 일이야말로 "사랑결핍증"에서 벗어나 사랑을 나누고 베풀 줄 아는 "사랑충만증" 인간으로 거듭나게 한다.

지구가 태양을 돌게 하고 지구에 수천 가지 꽃을 피우게 하는 바로 그 힘이, 한 순간도 쉬지 않고 당신의 생명을 떠받치고 있다.

"영원한 하나"를 사는 법

●

어둠은 본래 없다. 빛의 부재가 있을 뿐. 내가 스스로 됫박을 뒤집어쓰고 내가 스스로 만들어낸 어둠 속에서 헤매고 있는 것일 뿐.

됫박을 걷어치우면 이미 빛 속에 있는 것. 됫박 안이 두려움이고 불안이고 죄라면, 됫박 바깥의 빛은 구원이고 사랑이다.

"실재하지 않는 것은 어떤 것도 위협이 될 수 없다.
실재하지 않는 것은 존재하지 않는다.
여기에 하나님의 평화가 있다."

헬렌 슈크만, 『기적수업』

궁극의 처방전

●

세상의 모든 아픔을 다스리는 궁극의 처방은 "하나"뿐이다. 그 "하나"가 채워지지 않으면, 모든 인간은 허기증과 갈망으로 방황하고 아플 수밖에 없다. 이 "하나"를 발견하고, 키우고, 증장하는 일에 참여할 때, 인생은 대반전을 이룩하게 된다.

이 "하나"는 우리가 잠들어도 잠들지 않고 우리의 심장을 주관하고 생명을 주관한다. 이 "하나"는 우리의 육신이 죽어도 죽지 않는다. 태어나지도 않고, 죽지도 않는다. 하늘과 땅이 생기기 전보다 먼저 있어서 그 처음을 알 수 없으며, 그 끝도 알 수 없다. 아무리 미세한 곳에도 스며들지 못하는 바가 없고, 아무리 크고 거대한 것도 포함하지 못하는 바가 없다. 세상사가 아무리 다양하게 펼쳐지고 다양한 법을 말하고 주장해도, 이 "하나"가 내 안에 이미 자리하고 있음을 알아차리고, 이 "하나"의 눈과 귀와 코와 혀와 몸과 마음으로 세상을 경험한다면, 그 어디에서도 상처받을 수 없고, 잃어질 수 없는 "영원한 하나"를 살게 될 것이다. 이것이야말로 궁극적인 치유의 길이다.

고요함 가운데에서, 당신 자신은 거의 진공 상태가 된 것처럼 텅 빈 마음으로 그냥 듣기만 하는 자세가 되어, 깨어 있으면서, 기다리십시오. 그러면 그 고요함 가운데에서, 어떤 느낌, 어떤 떨림, 어떤 해방감이 찾아올 수 있습니다.

조엘 골드스미스, 「기적의 치유 코스」

내가 사는 것이 아니다

●

구름을 가리지 않은 본래의 마음가짐, 자기의 본질이 부처요 신이요 영원한 생명이다. 그러한 깨달음과 발견에 의해 위대한 힘이 발현된다.

자기가 살아가고 있는 것이 아니라, 천지에 가득 차 있는 영적 생명으로 살아가고 있다는 사실을 자각하라. 아니 천지와 함께 살아가고 있는 자기를 발견하는 것이다. 그 커다란 힘, 부처님의 손, 신의 생명 그 자체가 자기의 본체라는 사실을 발견하고 신심을 얻어 마음의 편안함과 희열을 얻는다. 그리고 감사하는 마음으로 힘차게 살아가게 된다.

―백은 선사, 『병든 몸은 이렇게 다스려라』

'그것'은 환상이 아니다. '그것'은 잃을래야 잃을 수도 없는 것이다. '그것'은 우리의 본래 상태의 일부이기 때문에, 마음에 의해 가려질 수는 있지만 파괴될 수는 없는 것이다. 하늘이 잔뜩 흐려져 있을 때에도 태양은 사라진 것이 아니다. 태양은 여전히 구름 뒤편에 남아 있다.

에크하르트 톨레, 『지금 이 순간을 살아라』

나의 주인공 자리

●

주인공은 프로펠러의 축과 같습니다. 축을 중심으로 프로펠러가 돌지만 축 자체는 움직이지 않듯이, 내 육신과 생각이 아무리 돌고 돌아도 주인공 자리는 고요하며 여여한 법입니다. 또한 그 자리는 나의 중심축이자 이 우주의 모양도 없는 중심축이기도 합니다.

주인공은 나의 진정한 면모요, 모든 것을 알며, 모든 것을 하는 나의 주인이자, 이 세계의 주인입니다. 주인공을 진정으로 믿고 그 자리에 모든 것을 미련 없이 던져 버리십시오. 그러면 거기서 살길이 열립니다. 죽으면 삽니다. 버리면 있습니다. 이것이 진실입니다. 그리고 이것은 선택의 여지가 없는 길이기도 합니다. 비록 많은 사람들이 이 말에 의심하고 고개를 갸웃거릴지라도 이것이 이 세계의 엄연한 법칙입니다. 무아가 되면 모든 사람이 내가 되어줍니다. 그렇지만 나를 세우면 세울수록 사람들이 내 곁에서 떨어져 나가게 됩니다.

—대행 스님

"밥 먹고 옷 입고 오고가는 소소영영한 주인공, 이것이 도대체 무엇이냐? 알 수 없거늘 제발 거기에 무슨 이치를 붙여서 죽이지 말고, 대답하려고 애쓰지 말며, 알 수 없는 그놈 하나를 갖고 비비고 나아가 보라."

전강 선사

최고의 이야기꾼을 만나려면

●

우주는 살아있는 하나의 존재다. 모든 것과 모든 사람이 보이지 않는 이야기의 그물을 통해 서로 연결되어 있다. 우리가 의식하건 못하건 우리 모두는 침묵의 대화를 한다. 해를 끼치지 마라. 연민을 보여라. 다른 사람의 뒤에서 수군대지 마라. 결백해 보이는 말도 안 된다! 우리 입에서 나오는 말은 사라지지 않고 무한한 공간에 영원히 저장되며, 때가 되면 우리에게 돌아온다. 한 사람의 고통이 우리 모두를 아프게 하며, 한 사람의 기쁨이 모두를 미소 짓게 할 것이다.

세상의 모든 사람은 다른 곳에 가고 싶어 하고 다른 사람이 되려고 애쓰다가 결국 모든 것을 남기고 죽는다. 숫자 0처럼 가볍게 비우며 이 세상을 살아라. 우리는 항아리나 다름없어서 겉의 장식이 아니라 속의 텅 빔이 우리를 똑바로 세운다.

이야기를 들을 시간이 없는 사람은 하나님에게 내줄 시간이 없는 사람이다. 하나님이 최고의 이야기꾼이라는 것을 모르는가?

―엘리프 샤팍, 『40가지 사랑의 법칙』

진흙을 빚어 그릇을 만들지만 그릇은 속이 비어 있기에 쓸모가 있다. 문과 창을 뚫어 방을 만드는데, 방은 그것이 비어 있기에 쓸모가 있다.

노자, 「도덕경」 11장

텅 빈 마음

●

텅 빈 마음이란 어떤 것에 의해서도 동요하지 않고, 어떤 것에도 묶여 있지 않은 마음이다. 텅 빈 마음이란 자신이 생각하는 최상의 것에 어떠한 방식으로든 묶이지 않는 마음이다. 텅 빈 마음이란 결코 자신의 것을 바라보지 않는 마음이다. 텅 빈 마음이란 신의 가장 사랑스런 뜻에 온전히 침잠하는 것이며, 자신의 것에서 벗어난 마음이다. 사람은 이런 마음 가운데서 자신의 힘과 자신의 능력을 받아들이지 않고서는 그것이 아무리 사소한 행위라 하더라도 결코 수행할 수 없을 것이다.

—마이스터 에크하르트

완전한 행복은
행복을 위해 아무런 애씀이 없는 상태이다.
장자

중심에서 번져 나오는 삶

●

존재의 중심에서부터
노을처럼 번져 나가는 삶을 살기.

바깥에서 가지고 온 것으로
나를 채우려고 하지 않기.

그래도 늘
충분하다는 것을 알아차리기.

나는 오직 내 안에서 저절로 솟아 나오는 대로
살고 싶었을 뿐이다. 그런데 그것이 왜 그렇게도 어려웠을까?

헤르만 헤세, 『데미안』

중심의 회복

●

사랑이란 우리가 태어나게 된 원인이며 우리의 본향이다. 사랑은 우리들 존재의 본질이며, 살아 있는 모든 것들의 바탕이다.

나팔꽃 한 송이에도 사랑은 스며들어 있고, 꿈틀거리는 벌레 한 마리도 사랑의 소산 아닌 것이 없다. 사랑 없이는 세상이 온통 사막과도 같아서 한 발자국 떼기도 퍽퍽하다.

비바람 몰아쳐도 안으로 안으로 들어가면 푸른 하늘 언뜻언뜻 비치는 "태풍의 눈"과도 같은 곳이 있으니 그리로 가자.
그 안으로 들어가서 거기에서 안식을 찾자.
거기에서 우리의 중심을 회복하고,
그 "거룩함"으로
나와 세상을 다시 만나자.

"우리 안에는 또 하나의 자아가 살고 있는데, 그는 모든 것을 알고, 모든 것을 원하고, 우리 자신보다 모든 것을 더 잘 해내는 존재야."

헤르만 헤세, 『데미안』

신성의 태엽

●

숨 한 번 깊이 들이쉬고 고요한 중심에서
음식물을 섭취하고
숨 한 번 깊이 들이쉬고 고요한 중심에서
누군가와 이야기를 하고
숨 한 번 깊이 들이쉬고 고요한 중심에서
누군가에게 이메일을 쓰고
숨 한 번 깊이 들이쉬고 고요한 중심에서
당면한 문제의 해결책을 생각한다.

고요한 중심의 자리가 아닌 데서 이루어지는 모든 일은 헛바퀴가 도는 것과 같아서 대단한 진척이 있는 것 같아도 결국엔 제자리에서 헤매고 있는 것.
언제 어디에서나 숨 한 번만 깊이 들이쉬면 곧 그 자리에 있게 되는, 몸과 마음이 투명해지는 그 자리, 고요한 중심에서 사는 것은 내가 지닌 신성의 태엽을 세상에 풀어놓는 일. 아무리 시간이 지나도 그 태엽 멈추지 않고 풀려 가리라.

내가 더 많이 사랑해도 내 사랑은 결코 줄지 않는다. 내가 더 많이 그리워하고, 내가 더 많이 아껴줄 때마다, 내 사랑은 오히려 커지고 강인해지며 풍요로워진다.

정여울, 「감수성 수업」

제6부

존재의 새로운 지도

"생명이란 얼마나 경이롭고 정교한가! DNA의 디지털적인 정확함은 얼마나 명쾌한가! RNA를 단백질로 번역하는 리보솜에서, 유충이 나비로 변하는 탈바꿈과 짝을 유인하는 공작의 기막힌 깃털에 이르기까지, 생명의 모든 요소가 지닌 미적 호소력과 예술적 장엄함은 또 어떠한가!"

프랜시스 s. 콜린스, 『신의 언어』 중에서

당신의 위치에너지

●

가만히 네 이름을 불러봐
이름 안에 갇힐 수 없는
너의 존재,
한없이 부풀어오르는
너를, 너 아닌 너를,
무한히 퍼져 나가는 너를
떨리는 마음으로 불러봐.

네 생애 최고의 선물 꾸러미를 풀 듯이
조심조심
네 이름을 불러봐.

…당신 안에서 빛나고 있는
찬란하고 완벽한 사랑을 느끼고,
그 빛 속에서 휴식을 취하라.
기 코르노, 『마음의 치유』

문을 열면 들어오는 빛의 환희

●

몸을 주인으로 여기는 살림살이에는 갈등과 다툼과 아픔이 따르게 마련이다. 피를 흘리며 신음하는 고통을 겪게 되면 사람은 필연적으로 하늘문을 두드리면서 "나는 진정 누구이며 어디서 와서 어디로 가는지"를 묻게 된다.

에고가 주인이 되는 삶에 종지부를 찍고자 물음표를 제기하면서 생명의 실상을 알고자 하늘문을 두드리고 또 두드리면, 에고가 만든 자아의 바깥껍질에 구멍이 생기고, 그 구멍으로 하늘빛이 들어와 어둠을 일시에 날려버린다. 스스로 껍질을 뒤집어쓰고 어둡다고 징징대며 울던 내가 한 순간에 빛사람이 되는 것이다. 스스로 만든 에고의 벽에 에워싸여 어둠을 자신의 일부인 양 여겨왔던 습관은 도돌이표처럼 그 사람을 다시, 또다시 욕망이 이끄는 살림살이 속으로 돌아가게 할지 모르지만, 한 번 구멍이 뚫려서 빛의 환희를 경험한 사람은 자기의 영원한 주소가 어디인지를 근본적으로 깨우쳐 알기 때문에 어둠의 질곡에 갇혀 더 이상 헤매지 않는다.

우리 스스로 감옥을 만들어 갇힌 것이니
우리가 두드려야 할 것은
우리 자신이 걸어 잠근 캄캄한 내면의 감옥이다.

현실은 단단한 바위 같은 것이 아니야

●

현실은 단단한 바위 같은 것이 아니야.
살아가는 길이 힘하고 힘들다는 말 말 말들이
아무리 차고 넘쳐도
그건 다 거짓말, 자기 속임수에 불과하지.
힘들다고 하는 건 모두 다
자기 혼자서 해내야 한다고 생각하기 때문이야.

우리가 꿈을 품고 상상의 나래를 펴는 순간
우주는 그 꿈을 현실화시키기 위해
새롭게 정렬을 하지.

세상의 모든 것은 장난감 블록 같은 거야.
우리가 가지고 놀다가
때가 되면 두고 떠나야 하는 것.

힘 빼고 살아.
인생은 한나절의 가벼운 소풍 같은 것.

한시도 붙잡아둘 수 없는 시간 여행이기에
허공에 글씨를 쓰는 것 같은 인생,
집착할 것이 무엇이 있겠는가.

상상은 현실보다 힘이 세다

●

상상 속의 이미지들이 실체이고, 모습을 드러낸 모든 물질적인 것들은 내면의 이미지가 비추어진 그림자에 불과합니다. 우리가 마음속 형상들에 믿음을 유지한다면 유일하게 현실을 창조할 수 있는 권리를 지닌 상상력이 물질세계 안에 그것들을 창조할 것입니다.

―네빌 고다드

소망이 성취된 느낌을 사실로 받아들이고 유지할 수 있다면, 그 느낌에 어울릴 만한 상태가 반드시 현실로 나타난다.

우리가 구하고자 하는 것 중에 가장 고귀한 것은
유한한 인간의 옷을 벗고 무한한 영광의 옷을 입는 것입니다.

네빌 고다드

입을 벌리라

●

"생명을 생명 되게 하는 감로의 비가 허공에 가득하건만
저마다 자기 그릇의 크기에 따라 받아가는 몫이 다르구나."
雨寶益生滿虛空 衆生隨器得利益.

—의상 대사, 법성게 중에서

지금 이 순간에도
하늘에서는 무궁한 보배비를 내려주신다.
입을 벌리기만 하면 받아먹을 수 있다.

그대는 신의 사랑에 포위되어 있다.
그대가 알아차리든, 알아차리지 못하든.

당신이 수용할 수 있는 기준은 얼마나 넓고 얼마나 깊고 얼마나 높은가? 그것이 바로 믿음이다. 당신은 받아들이지 않는 것을 삶 속에서 절대로 드러낼 수 없다. 당신은 스스로 받아들이는 것만을 보여줄 수 있다. 당신은 스스로 수용할 수 있는 것보다 더 큰 어떤 것도 가질 수 없다.

제이지 나이트, 「람타」

풍요를 부르는 마음의 법칙

●

생명 에너지는 오직 당신이 하고 있는 생각을 따를 뿐입니다. 돈이 부족하다는 생각을 할 땐 돈이 부족한 경험을 하게 됩니다. 돈이 넘쳐난다는 생각을 할 땐 돈이 넘쳐나는 경험을 하게 됩니다. 당신의 생각이 원하는 것이 '없다'는 쪽에 맞춰져 있었다면, 그것이 없는 상황을 얻게 될 것입니다. 반면에 원하는 것이 '있다'는 쪽에 맞춰져 있었다면, 그것이 있는 상황을 얻게 될 것입니다.

당신의 '있음'의 상태에 생각을 집중할수록 '있음'을 더 많이 끌어당겨 옵니다. 또한 이 경험을 끌어당겨 오면 올수록 경험의 양은 늘어나고, 결국 결핍의 경험으로부터 완전히 벗어나게 됩니다. 그런 후에 당신은 경험을 통해 실은 자신이 신이자 창조자라는 사실, 우주를 마음대로 지휘 통솔할 수 있다는 사실, 당신이 원하는 바를 얻지 못하도록 방해하는 것은 그 대상에 대한 자신의 생각 외에는 없다는 사실을 비로소 깨닫게 됩니다. 모든 것은 당신의 생각대로 됩니다. 그 외의 다른 방식으로 될 수 없습니다. 이것이 바로 법칙입니다.

—존 페인, 『옴니: 자기사랑으로 가는 길』

나에게 없는 것, 내가 이루지 못하고 있는 것에 대한 불평불만은 무정란과 같아서 어떠한 열매도 거둘 수 없다. 이미 주어져 있는 것에 대해, 그리고 장차 펼쳐질 미래에 대해 미리 감사하는 마음이 유정란이다. 30배, 60배, 100배로 거두게 될 것이다.

상상력이 미래 창조의 비결

●

소망을 실현시키기 위해서는 원하는 존재가 이미 되었다거나 원하는 상태를 이미 가지고 있다거나 구하고자 하는 상태를 보고 있다고 느껴야 합니다. 이것은 소망이 성취된 느낌을 사실로 받아들일 때 이루어집니다. "만약 나의 소원이 이루어졌다면 나는 어떤 느낌일까?"라는 질문에 대한 대답으로 주어질 느낌이야말로 잠에 들기 전에 마음을 유일하게 채우고, 마음속에 단단히 고정시켜야 할 태도입니다. 잠들기 전에 원하는 모습이 이미 되었고 갖고 싶은 것을 이미 가지고 있다는 의식 안에 머물러야 합니다. 잠들기 전에 소원이 응답된 상태 안에 있는 것을 느끼면서 편하게 무의식 상태로 들어가야 합니다.

―네빌 고다드

상상력은 우리의 미래를 디자인한다.

조지 루카스

생각의 힘

●

우주는 정적이고 개별적인 대상들의 창고가 아니라, 지속적으로 물질이 생성되는 상태에 있는, 에너지 장들이 상호작용을 하고 있는 유기체이다. 가장 작은 물질의 수준에서 보면, 우리의 세계는 그 모든 구성 성분들이 항상 통화를 하고 있는 양자 정보의 광대한 네트워크와 닮았다.

관찰자이자 창조자로서 우리는 계속해서 매 순간마다 우리의 세계를 다시 만들어가고 있다. 우리가 지닌 모든 사고, 우리가 내리는 모든 판단은 제아무리 무의식적이라 하더라도 어떤 효과를 지닌다. 알아차리는 매 순간마다, 의식 있는 정신은 의도를 내보내는 것이다.

이러한 깨우침은 우리로 하여금 인간이 된다는 것이 무엇인지에 관해서는 물론이고, 관계를 맺는다는 것에 관해서도 다시 한 번 생각하게 한다. 우리는 뭔가를 생각할 때에, 그 생각을 입밖으로 꺼내든 아니든, 그 생각이 만물에 끼치는 효과를 재고해야 한다. 이 세계와 우리의 관계는 항상 계속되며, 심지어 우리가 침묵하는 동안에도 계속된다.

―린 맥타가트, 『생각의 힘을 실험하다』

우리의 생각이 우리의 운명을 결정한다.
우리의 운명은 우리가 남기고 갈 유산을 결정한다.

제임스 앨런

우주는 속도를 좋아한다

●

지구가 스스로 도는 자전 속도는 초속 460미터,
지구가 태양을 도는 공전 속도는 초속 30킬로미터,
태양이 중심태양을 도는 공전 속도는 초속 217킬로미터.
어지러운 속도로 날아가는 커다란 공 위에
집을 짓고 살아가는 우리들도
속도를 좋아한다.

문명이 변화하는 속도도 점점 빨라진다.
생각이 물질화하는 속도도 점점 빨라진다.

원하는 것들을 마음에 그리는 순간
그 원하는 것들이 빛의 속도로
물질화되어 눈앞에 나타나는 세상,
그것이 우주의 본질이다.

"그대가 구하는 것이 무엇이든, 이미 그것들을 받았다고 믿어라.
그러면 그것들을 받게 될지니."

마가복음 11장 24절

기도의 기술

●

여러분을 과거에 묶어두지 마십시오. 의식 안에서는 어떤 불가능도 없다는 것을 깨닫고, 과거의 경험을 넘어서 있는 것들을 상상하기 시작하십시오. 인간이 마음속에 품을 수 있는 것은 무엇이라도 현실로 불러올 수 있습니다. 눈에 보이는 어떤 것도 처음에는 눈에 보이지 않는 상태였습니다. 그런데 여러분이 그것에 실체라는 느낌을 부여하여 사실로 받아들이기 시작했을 때 눈에 보이는 곳까지 그것을 불러낸 것입니다. 처음에는 상상을 하고, 그 후에는 상상한 것들을 믿는 것, 바로 이것이 창조의 과정입니다. 기도는 여러분이 원하는 존재가 되었고, 원하는 것을 이미 가지고 있다는 느낌을 받아들이는 기술입니다. 여러분의 감각이, '당신의 소망은 현실에 존재하고 있지 않다'고 말하고 있을 때, 이런 암시를 없애려는 여러분의 의식적인 노력은 무익하며 오히려 그 암시를 더 강하게 만드는 경향이 있습니다. 기도는 소망에 따르는 기술이지 소망을 강제하는 기술이 아닙니다.

―네빌 고다드

참된 기도는 참나를 깨달을 때만, 그대가 요구하기 전에 신이 이미 그대에게 준 것을 깨달을 때만 저절로 일어난다. 그대가 이미 받은 것을 깨달을 때, 무한한 근원이 그대에게 주어졌다는 것을 깨달을 때 기도가 우러나온다. 이때 그대는 신에게 '감사합니다'라고 말한다. 순수한 감사밖에 다른 기도는 없다.

오쇼, 『행복한 동행』

사랑인가, 두려움인가?

●

손 안에 움켜쥐려고 하는 것은
두려움의 소산이고
주먹을 펴고 기꺼이 나누려고 하는 것은
사랑의 산물이다.

"안 돼, 안 돼!"라고 말하는 것은
두려움의 목소리이고
"네 맘대로 춤을 춰!"라고 말하는 것은
사랑의 속삭임이다.

"나는 네가 필요해!"라고 말하는 것은
두려움의 아이가 외치는 것이고
"네 마음껏 날아봐!"라고 말하는 것은
사랑의 천사가 속삭이는 것이다.

사랑의 이름을 빌려 가두고 제한하려고 하는 것은
사랑의 옷을 입고 변장한 두려움일 뿐이다.

두려움은 "당신을 안전하게 지켜줄 거예요."라고 속삭이고
사랑은 "당신은 이미 안전해요."라고 안심시킨다.

팻 로데가스트, 『사랑을 선택하라』

사랑은 울타리를 모른다

●

사랑은 그 무엇도
한계를 짓는 법이 없다.

그대 자신이 단세포에서
37조 개의 세포로 커졌지만
그대의 존재는
키와 몸무게에 갇혀 있지 않다.

사랑에는
한계가 없다.

사랑은 울타리를 모른다.

울타리 안에서는
사랑이 자라지 않는다.

사랑은 상대를 바꾸려 하는 것이 아니라,
있는 그대로 받아들이는 것이다.

톨스토이

축복의 말

●

축복은 사람이 다른 사람에게 가슴으로 전하는 하늘빛 기도입니다.

축복은 함께 어우러져 살아가는 지구마을에서 두려움을 물리치고 사랑으로 나아가게 하는 에너지입니다.

축복은 서로가 서로에게 빛을 전하는 가장 귀한 선물입니다.

―존 오도나휴, 『사람이 사람에게』

당신이 이미 축복을 받은 사람임을 깨닫는 그 순간
당신은 축복을 받게 될 것이다.
브리이언트 맥길

성 프란체스코, 감사의 기도

●

큰일을 이루기 위해 힘을 주십사 하느님께 기도했더니
낮은 마음으로 순종하라고 연약함을 주셨습니다.
많은 일들을 해낼 수 있도록 건강을 주십사 했더니
보다 가치 있는 일을 하라고 병을 주셨습니다.
행복해지고 싶어 부유함을 구했더니
지혜로워지라고 가난을 주셨습니다.
세상 사람들의 칭찬을 받을 수 있도록 파워를 구했더니
하느님을 찾으라고 연약함을 주셨습니다.
삶을 누릴 수 있도록 모든 것을 갖게 해 달라고 기도했더니,
모든 것을 누릴 수 있도록 삶 자체를 선물로 주셨습니다.

내가 구한 것 하나도 주시지 않았지만
마음 깊은 곳 소망했던 모든 것을 들어주셨습니다.
내가 입으로 어떤 기도를 했든
말해지지 않았던 나의 기도가 다 응답되었습니다.
나는 세상에서 가장 복 받은 사람입니다.

모든 것을 다른 사람들 탓으로 돌린다면 당신은 많은 고통을 받게 될 것이다. 하지만 모든 것이 당신으로부터 나온다는 것을 깨닫는다면 당신은 평화와 기쁨을 배우게 될 것이다.

달라이 라마

무경계

●

"이 우주에는 어떤 경계도 없다. 경계는 실재의 산물이 아니라, 우리가 실재를 작도하고 편집한 방식의 산물, 즉 환상이다."

"근원적 저항이 해소되는 정도에 따라 세계로부터의 분리도 해소된다. 모든 형상 그대로의 현재를 보지 않으려는 망설임과 저항에 대한 깊고 전반적인 명도(넘겨짐, 내맡김)가 자발적으로 일어나고, 그렇게 해서 안과 밖 사이에 스스로 세워 놓았던 근원적 경계가 완전히 붕괴된다. 현재 경험에 더 이상 저항하지 않게 될 때, 현재 경험으로부터 자신을 분리해 내려는 어떤 동기도 갖지 않게 된다. 세계와 자기는 두 개의 다른 체험이 아니라, 다시 단일한 경험이 된다."

—켄 윌버, 『무경계』

수갑은 풀려고 하면 할수록 더욱 조여들게 되어 있다. 역경을 만났을 때도 마찬가지다. "문제를 만든 사고방식으로는 그 문제를 해결할 수 없다"는 아인슈타인의 명언대로, 다른 차원의 사고를 해야 하고, 그러려면 우선 내가 만든 경계선부터 지워야 한다.

자세히 볼수록 깊어지고 풍요로워진다

●

잠시 숨을 고르고 쉬면서 주위를 둘러보면서 삶이라는 것을 더 깊이 음미하고 감사할 수 있다면, 삶의 여정은 훨씬 더 깊이가 있고 풍부한 색깔을 띠게 될 것이고, 그러면 우리는 삶의 모든 장면들을 세밀한 부분들까지도 모두 다 받아들이기 시작할 수 있습니다. 좋은 친구들을 만나 함께 하는 시간을 가질 수 있습니다. 우리 자신들과 훨씬 더 친해질 수 있고, 그러면 바로 지금 이 자리에서 우리를 진정으로 고무하는 것이 무엇인지를 알아보고, 진정한 행복을 발견할 수 있습니다. 특별한 결과를 기대하면서 거기에 목매달지 않게 되는 것은 물론이고, 변화에, 흐름에, 인생의 굴곡에 더 열린 마음이 될 것입니다. 어떤 어려움이 닥치더라도 최선을 다하고 있음을 안다면, 노심초사할 필요가 없습니다. 우리는 충분히 운이 좋은 사람들이고, 인생의 굴곡까지를 포함하더라도, 삶이란 역시 좋은 것입니다.

―걀왕 드룩파, 『발밑에 꽃 핀 줄도 모르고』

자세히 보아야
예쁘다
오래 보아야
사랑스럽다

너도 그렇다
나태주, "풀꽃"

진실로 사랑한다면 해방시켜 주자

●

진실로 사랑하는 사람이 있다면, 스스로 반문해 보라. 나는 과연 그 사람을 얼마나 알고 있는가? 몇 퍼센트나 알고 있는가? 우리가 알고 있는 것은 고작 기억의 찌꺼기, 그것도 우리가 가진 왜곡된 렌즈에 비쳐진 상(相)일 뿐이다.

그러니 진실로 사랑하는 사람이 있다면 마음속에서 그를 해방시켜 주자. 내가 그에게 바라는 것으로 그를 가두지 말자. 나의 바람과 기대로 그를 물들이지 말자. 그의 날개를 활짝 펼치도록 마당을 만들어 주자. 남편이나 아내를 사랑한다면, 내 마음속의 남편이나 아내를 해방시키자. 자식을 진실로 사랑한다면, 자식을 향한 모든 바람과 기대를 먼저 죽여 버리자. 나의 바람과 기대는 자식을 죽이는 일이 아닌가? 자식이 자식 스스로가 되도록, 자신의 빛깔과 향기를 세상에 발산하도록, 나에게서 해방시켜 주자.

진실로 나를 사랑한다면, 내 마음속의 나를 죽여 버리자. 내가 스스로 한계 짓는 나를 죽여 버리자. 내 안에는 나도 모르는 광대한 영토가 펼쳐져 있다. 겉거죽의 나는 전체의 나 중 5% 정도나 고작 활용하고 있을 뿐이다. 그러니 내가 안다고 생각하는 내 마음속의 나를 죽여 버리자. 내가 안다고 생각하는 내 마음속의 나는 얼마나 초라한 존재인가! 나머지 95%의 내가 활개치고 살 수 있도록 나를 해방시켜 주자.

당신 안에는 분명 찬란한 무한이 있다.
정여울, 「데미안 프로젝트」

존재의 새로운 지도

●

위성지도를 그리게 됨으로써 비로소 지구의 지도를 그릴 수 있게 된 인간은 100년도 지나지 않아 비로소 자기 자신들에 대한 유전자 지도를 그리게 된다. 미국의 클린턴 대통령은, 200여 년 전 토머스 제퍼슨 대통령 앞에 펼쳐 놓여졌던 지도와 비교하면서 말했다. "이 지도야말로 인간에 의해 만들어진 가장 중요하고 경이로운 지도가 틀림없습니다. 오늘 우리는 '하나님이 말씀으로 생명을 창조하셨다'는 그 언어를 배우고 있습니다. 우리는 하나님이 내려준 가장 거룩하고 신성한 선물에 깃든 복잡성과 아름다움과 경이로움에 그 어느 때보다 큰 경외심을 느끼게 되었습니다."

"생명이란 얼마나 경이롭고 정교한가! DNA의 디지털적인 정확함은 얼마나 명쾌한가! RNA를 단백질로 번역하는 리보솜에서, 유충이 나비로 변하는 탈바꿈과 짝을 유인하는 공작의 기막힌 깃털에 이르기까지, 생명의 모든 요소가 지닌 미적 호소력과 예술적 장엄함은 또 어떠한가!"

리더 프랜시스 S. 콜린스, 『신의 언어』 중에서

제6부

당	신	은		사	랑	에	
포	위	되	어		있	다	

음악이 음표와 음표 사이의 침묵을 바탕으로 하듯이,
우리 모두는 거대한 고요 안에 이미 삼키어져 있는 것.
우주의 모든 별들이 '아무것도 아닌 것이 아닌'
암흑물질의 고요 위에서 운행하고 있듯이,
우리네 삶도 '거대한 고요'가
우리를 한시도 쉬지 않고 떠받들고 있는 것이다.

고요한 기다림

●

무엇보다 먼저, 고요한 시간을 가져야 합니다. 나날을 점령하고 있는 분주함에서 벗어나야 합니다. 더 성장하고 발전해야 한다는 생각도 접어두고, 당신을 얽어매었던 고삐들도 벗어 던지고, 만사가 부질없다는 허무한 생각에도 사로잡히지 말고, 고요히 기다릴 수 있어야 합니다.

가슴 한가운데에 머무십시오. 앎이 내재하는 진정한 장소, 살아 있는 고요함의 그곳에 머물도록 하세요. 당신 내면의 신성한 힘은 스스로를 증명할 것입니다. 모든 사소함과 부조화는 소리 없이, 그러나 분명코 사라지게 될 것이고, 더 이상 힘을 발휘하지 못할 것입니다. … 고요히 기다리고 있노라면, 생명의 숨결이 고요하고도 질서 있게 움직여 당신 몸의 모든 분자들을 새롭게 정렬해 줄 것입니다.

―조셉 베너, 『당신 안의 그리스도』

빈 공간이 숨쉬는 소리에 귀를 기울이라.
침묵으로 이루어진 끊임없는 메시지에 귀를 열어라.
릴케, 『두이노의 비가(悲歌)』

거대한 고요

●

고요. 아무리 번잡한 삶, 분주한 삶, 복잡한 삶이라도 그 삶의 자락 어디엔가에 고요를 들여놓지 않으면, 그 모든 시도와 추구는 그저 허둥대는 몸짓에 지나지 않게 된다. 음악이 음표와 음표 사이의 침묵을 바탕으로 하듯이, 모든 삶의 움직거림 하나하나도 거대한 고요 안에 이미 삼키어져 있는 것. 우주의 모든 별들이 '아무것도 아닌 것이 아닌' 암흑물질의 고요 위에서 운행하고 있듯이, 우리네 삶도 '거대한 고요'가 우리를 한시도 쉬지 않고 떠받들고 있는 것이다.

거대한 고요 앞에서, 위에서, 안에서, 고요를 숨쉬면서, 질문하는 인간은 아름답다. 거대한 고요를 삶의 자락 안에 들여놓지 않는 인간은, 세상에서 가장 맛있는 먹거리 재료를 이미 갖고 있으면서도 낡은 창고 안에 처박아 두고 눈짓 한 번 주지 않는 요리사와 다를 것이 없으리라.

나는 일출과 더불어 일어나서 행복했다. 나는 걸었다. 그리고 행복했다. 숲이나 언덕을 걷고, 계곡을 배회하고, 책을 읽고, 아무 일도 하지 않거나, 뜰에서 일하거나, 과일을 따거나, 집안에서 남의 일을 도우면, 행복이 도처에서 나에게로 왔다. 그런 행복은 어떤 특정한 사물에 관련된 것이 아니고, 전적으로 나의 내면에 깃들어 있는 것이어서 한 순간도 나를 떠나는 일이 없었다.

루소, 「참회록」

고요한 사랑 속에서

●

나무를 보라. 꽃과 풀을 보라. 당신의 맑은 마음을 그 위에 살며시 올려놓아라. 나무는 얼마나 고요한가. 꽃은 얼마나 생명 속에 깊이 뿌리내리고 있는가. 자연에서 고요함을 배우라.

나무를 바라보며 그 안의 고요함을 인식할 때 나도 고요해진다. 나는 깊은 차원으로 나무와 연결된다. 고요함 속에서 그리고 고요함을 통해서 인식한 모든 것과 나는 하나가 되었음을 느낀다. 그렇게 세상만물과 내가 하나임을 느끼는 것이 참사랑이다.

―에크하르트 톨레, 『고요한 지혜』

나무처럼 사랑스러운 시를
나는 결코 본 적이 없다

허기진 입술로
단물 흐르는 대지의 젖가슴
늘 물고 있는 나무

하나님 우러러보며
잎새 무성한 팔을 들어
진종일 하늘 향해 기도하는 나무
알프레드 조이스 킬머, "나무" 중에서

영원한 생명의 운동에 나를 싣고

●

흘러가는 시냇물을 바라보고, 불어오고 불어가는 바람을 맞으면서, 뜨고 지는 태양을 바라보고, 풀들과 나무들이 자라는 것을 지켜보면서, 뛰고 달리며 노는 짐승들을 바라보고, 달이 차고 이우는 것과, 별들이 움직이는 것을 바라보면서, 자연과 더불어 자연을 본받아 살아가십시오. 이 모든 것들은 쉴 새 없이 움직이면서, 자신들의 일을 수행합니다. 생명이 있는 모든 것은 움직입니다. 죽은 것만이 멈춰 있습니다. 하느님은 산 자의 하느님이요, 사탄은 죽은 자에 속합니다. 그러므로 살아 있는 하느님을 섬기십시오. 영원한 생명의 운동이 그대들을 살게 하도록. 죽음의 영원한 정적을 그대들이 벗어날 수 있도록.

—『에세네 평화의 복음』

여유롭게 걷고 있노라면, 특히 오롯이 혼자 걷고 있노라면, 마음이 차분해지고 내 중심에 더 가까워지는 듯한 기분이 든다. …'내면의 안식'을 이루었다고 할 만한 이런 상태는, 더없이 깊은 행복, 순수한 기쁨의 순간이다. 앞으로도 나는 걸어 다니면서 내 뿌리에, 가장 강력한 힘의 원천에, 내 존재의 근원에 도달할 것이다. 계속하여 그리로 돌아가, 새롭게 힘을 얻고 스스로 곧추설 때만이 내 운명의 주인이자 키잡이로 살아갈 수 있을 것이다.

알베르트 키츨러, 『철학자의 걷기 수업』

고요함 속에서 살기 1

●

고요함이라는 이 한 단어의 묘한 이치는 무궁하네. 많은 이들이 고요함에 대해 얘기하지만, 단지 몇몇만이 이 고요함을 정말로 알고 있네. 많은 이들이 고요한 상태로 있고 싶어 하지만 그렇게 할 수가 없네. 이것은 그들이 고요함의 뿌리를 아직 찾지 못한 데서 기인하네.

고요함의 뿌리는 세상을 텅빔으로 보는 데 있네. 고요함에 이르는 문은 고요하지 않은 곳에 있을 때, 새어나가는 것을 막는 공부를 하는 데 있네.

아무리 뛰어난 사람이라 해도 고요한 사람을 능가할 수는 없네. 이렇듯 고요함에 있는 사람은 태산이 무너져 내려도 놀라지 않게 되네. 고의적으로 놀라지 않는 것이 아니라네.

자네들의 부모가 자네들을 고집이 세다고 여기더라도 그 사실에 동감하게. 형제가 자네들에게 잘못을 하더라도 다투지 말게. 부인이 잔소리를 하더라도 참을성 있게 대하게. 사람들이 거리에서 무례하게 행동하더라도 너무 민감하게 반응하지 말게. 배운 사람들이 교만하게 굴더라도 존경심을 가지게.

—도덩 밍다오의 구도소설 『도인』 중에서

침묵이야말로 기쁨을 전하는 최고의 전령이다.
말로 할 수 있을 정도의 기쁨이라면 대수롭지 않다.
셰익스피어

고요함 속에서 살기 2

●

고요함 속에서만 고요할 뿐만 아니라, 움직임 속에서도 고요해야 하네. 움직임과 고요함은 양쪽 다 고요함에 의하여 스며들어 퍼져야 하며, 그러면 도는 이루어질 수 있게 되네.

불가에서는 '마음을 밝히고 성품을 본다'고 하지만, 고요함이 없이는 밝힘도, 봄도 가능하지가 않네.

유가에서는 '이해의 힘을 빌려 스스로의 성품을 퍼내어 비운다.'고 하지만, 고요함이 없이는 바닥까지 퍼낼 수 없네.

도가에서는 '참을 닦고 스스로의 성품을 키운다.'고 하지만, 고요함이 없이는 아무것도 닦을 수도, 키울 수도 없네.

고요함은 무슨 특별난 것이 아니고 세 가지 가르침들의 생명이네. 이것은 낮과 상반되는 밤의 고요함을 말하는 것이 아니네. 하루가 시작되는 근원이라고 여기지 말게. 이것은 사계절 중에서 겨울의 고요함이 아니네. 봄이 시작되는 근원이라고 여기지 말게. 도(道)는 고요함으로부터 생기는 것이며 자연스러움의 이치이네. 이 자연스러움이 도의 뿌리인데 어디에서부터 또 고요함이 들어오겠는가?

—도덩 밍다오의 구도소설 『도인』 중에서

침묵은 매우 중요합니다.
음표 사이의 침묵은 음표 자체만큼이나 중요합니다.
모차르트

중심잡기

●

그대가 중심 안에 머물면 아무런 해를 입지 않는다. 어떠한 산불도 그대의 중심을 건드리지 못한다. 심지어 죽음조차도 중심에 머무는 그대를 방해하지 못한다. 이러한 센터링은 매 순간을 명상적으로 깨어서 살 때에만 가능하다. 기계처럼 살지 마라. 기계처럼 반응하지 마라. 깨어 있으라. 수정처럼 맑은 의식이 내면의 존재를 계속 비출 수 있도록, 내면의 불꽃이 타올라 어디를 가든 그대를 비출 수 있도록 그대의 '참나'를 찾으라. 그러면 내면의 불꽃이 그대의 길을 밝혀줄 것이다.

내면의 불꽃, 내면의 빛은 항상 거기 있다. 씨앗으로 잠자고 있다. 그대가 그 빛을 사용하기 시작하면 그 씨앗은 싹을 틔운다. 그러면 머지않아 봄이 오고 꽃이 피어나 그대는 미지의 향기로 충만해지는 것을 보게 될 것이다. 신이 그대에게 내려오는 것을 보게 될 것이다.

―오쇼, 『행복한 동행』

기뻐하고 분노하고 슬퍼하고 즐거워하는 감정이 아직 생겨나지 않는 지점을 중(中)이라 하며, 이는 천하를 이루는 근본 중의 근본이다.

『중용(中庸)』

충만한 고독의 시간

●

존재 자체만으로도 충만한 느낌의 순간들이 때로는 보기 드물게, 그러나 반가운 손님처럼, 찾아오기도 한다.

그 순간에는, 고독하면서도 결코 뚜껑이 닫혀 있지 않다. 고독하면서도 충만하려면, 뚜껑을 닫아 놓아서는 안 된다. 세계를 향해 열려 있어야 한다. 사량분별심을 발동하여 자기를 못살게 굴면서 이런 판단 저런 판단으로 머릿속이 복잡해서는, 고독을 즐길 수가 없다. 고독한 순간에 더 잘 찾아오는 신성한 느낌, 세상의 모든 생명체들의 배경화면에 고즈넉이 자리하고 계시는 그분이 무슨 말인가를 걸면서 슬며시 찾아오실 때에야 비로소 우리는 고독하면서도 가득 찬 무엇인가를 느끼게 되지만, 혼자 있으면서도 자기의 욕심에 시달려서 내면이 시끄러울 때에는, 그분의 보기 드문 방문을 맞이할 수가 없다. 내 모든 것을 내려놓아야 한다. 내 것이라고 주장할 수 있는 모든 사량분별심을 내려놓아야, 그분은 열린 창문으로 슬그머니 들어오셔서, 우리에게 고독한 충만감을 안겨주신다. 텅 비어 있으면서 하늘처럼 푸르른 기운으로 가득 채워 주신다.

자신을 진실로 사랑하는 사람은 고독을 두려워하지 않는다.

니체

고요한 만남

●

흘러가는 구름이나 강물이든
장미 한 송이든
가만히 가만히
존재하는 모든 것들의 소리를 귀 기울여 듣는 것,
존재의 중심을 슬그머니 만지는 듯하는 느낌을 갖는 것,
그것은 기적을 내 삶의 옷자락 안으로
끌어들이는 일입니다.

나무는 불필요한 모든 것을 버림으로써 겨울 준비를 시작한다. 겨우내 스스로를 비워 내고 이듬해 찬란히 꽃을 피울 눈을 조용히 틔운다. 나무에게 겨울은 죽은 듯 보이는 끝인 동시에 찬란한 미래의 보이지 않는 시작인 것이다. 삶에도 '겨울'이 존재한다. 이 시기에 열매를 얻으려 해서는 안 된다. 계획과 의지를 내려놓은 채, 가만히 삶과 자기 자신을 들여다봄으로써 자기 안의 열정의 원천을 확인할 수 있다.

박승오, 홍승환, 「위대한 멈춤」

살아 있는 빛의 바다에서

●

모든 것이 바로 지금 여기 존재한다. 모든 것이 너무나 간단명료하다. 처음으로 모든 것이 명백하다. 우리의 모든 것과 우리가 필요로 하는 모든 것이 이미 여기 있다. 나는 우리가 우리 자신을 우리의 근원에서 분리시켰다는 것을 처음으로 깨닫는다. 우리는 얼마나 어리석은가. 진정한 현실은 항상 여기 있는데, 우리가 눈을 뜨고 보기를 끈기 있게 기다리고 있는데, 우리는 언젠가는 없어질 물질적 형체에만 정신이 팔려 있는 것이다. 사랑의 감정이, 모든 것에 대한 깊은 애정이 나를 사로잡는다. 나는 우리 모두가 살아 있는 빛의 바다에서 서로 연결되어 있음을 깨닫는다. 우리가 따로따로 떨어져 있다고 느끼는 건 물질적 형체라는 밀도의 환상에 지나지 않는다. 내 정신과 능력도 또 하나의 임시 표현 수단에 지나지 않음을 이제 알겠다. 모든 것이 너무나 명백하다. 우리는 생각을 초월하고, 시간을 초월하고, 단순한 인과관계를 초월하여 존재하는 것이다.

―윌리엄 불먼, 『유체이탈』

"우리는 자신들이 피조물이라는 개념에 사로잡혀 살아가는 신들입니다. 우리에게는, 생각과 느낌을 활성화시켜서 우리의 경험을 형성하는 능력이 주어져 있습니다. 당신이라는 존재의 기적을 신뢰하십시오."

제인 로버츠, 『세스 매트리얼』

제7부

저절로 사랑이 충전되는 "내면화 필사"

성자나 현자뿐만 아니라 내 안에도
내면에 깊이 묻힌 보물이 있으며,
그러니 나는 걸어다니는 보물창고다.
파고 파고 또 파도 계속해서 나오는 보물들을
스스로 누리고 또 나누면서 살 것이기에
나를 발견하는 나의 여정은
끝없이 이어지리라.

고요의 기적

●

자리에 앉아 내 숨소리에 가만히 귀 기울여 본다. 고요를 들이쉬고 내쉬노라면 숨소리와 함께 맥이 뛰는 것이 만질 듯이 느껴진다. 세상 만물이 다 숨을 쉰다. 식물들은 숨을 쉼으로써 푸른 잎을 돋우고 뿌리와 가지를 땅으로 하늘로 뻗쳐 나가고 그리하여 마침내 꽃을 피운다. 살아있는 모든 것들은 고요한 기적을 들이쉬고 내쉬는 것이다.

신은 숨이다.

신은 사랑이다.

사람들은 살아 숨쉬고 있으면서도
자신이 살아있다는 것이 기적이라는 것을 모른다.

틱 낫한

지금 이 시간 내 존재의 기적

●

나를 이 세상에 있게 한 남과 여의 무수한 만남들,
수수만년, 아니 수백억 년 이상의 세월 동안
만남과 만남이 대대로 이어져 오늘에 이르지 않았더라면,
가냘픈 이 존재는 세상에 없었으리라.

만남의 기적, 사랑의 연속상연 끝에야
내가 이렇게 숨쉬면서 또 다른 사랑의 만개를
꿈꾸고 있다는 것을 생각하면,
내 존재가 바로 누군가들의 봄햇살 같은 사랑들로 인해
저질러진 결과물임을 깨닫게 된다.

우주의 거대한 공모 끝에야 내가 이렇게
숨쉬고 사유하고 말하고 있을 수 있게 되었다는 것.
봄햇살과 물과 대지와 바람이 벚꽃을 저지르듯이,
누군가가, 보이지 않는 거룩한 무엇이 공모하여
나를 저질렀다는 것.

살아가는 데에는 두 가지 태도가 있다. 하나는, 이 세상에 기적이란 절대 없다고 믿고 사는 것. 두 번째는, 세상 두두물물이 다 기적이라고 여기면서 사는 것.

아인슈타인

몸

●

나는 몸이다
몸은 거룩한 성전이다.

내 몸 안에
태양이 있고
산과 들과 시내가 있다.

37조 개의 세포들이
내가 굳이 주의를 기울이지 않아도
'나'를 살리기 위해 쉴 새 없이 일하고 있다.
붉은 피가 몸 구석구석
12만 킬로미터에 달하는 거리를 누비며
46초 만에 한 바퀴씩 돌고 돈다.

내 몸은 소우주다.

여러분은 자신이 곧 하나님의 성전이며, 하나님의 영이 여러분 가운데 자리 잡고 살고 계시다는 것을 알지 못합니까?

―고린도전서 3장 16절

밥

●

날마다 밥을 먹는다.
천지 사방에서 건네져 온 사랑의 땀방울을,
햇빛과 비바람과 대지와 시간이
협력하여 만들어낸 창작물을
먹는다.

무엇을 어떻게 먹느냐에 따라
나는 계속적으로 변화된다.
나는 내가 먹는 밥이다.
공기도 밥이고 직장도 밥이고 사랑도 밥이다.

밥을 먹는 시간은
사랑의 속삭임을 듣는 시간이다.
온 우주가 공모하여
지금 이 순간의 '나'를 떠받치며
사랑한다고 속삭인다.

대처에서 떠돌다 온 아들에게
노모는 밥을 수북이 담아 준다.
'밥'이란 말만 들어도
뇌세포는 벌써 들썩거린다.
밥을 능가하는 언어는 없다.
밥 차려주는 사람만큼
숭고한 성자도 없다.

설태수, "밥" 중에서

태양을 먹는 아이들

●

우리는 우리가 먹는 것으로 이루어져 있다. 그리고 모두 태양을 먹고 있다.

태양은 정말 근사하다. 수십억 년 동안 멋지게 타올라왔고, 앞으로도 수십억 년은 더 그럴 것이다. 그런데 우리는 하루에 한두 번 태양을 바라볼까 말까 한다. 해가 눈앞에 낮게 떠 있는 시간에 운전 중이거나, 빨랫줄의 빨래가 마르기를 기다리고 있다면 두어 번 더 바라보는 정도일까.

 그러나 오늘 당신이 식물을 먹었거나 식물을 먹은 동물을 먹었다면, 당신은 태양을 먹은 것이다. 간단히 말하려면 태양에서 온 빛과 에너지를 먹었다. 거의 모든 식물 종(種)이 물, 엽록소, 이산화탄소, 약간의 태양 빛만으로 광합성을 하고 스스로 양분을 만들어 낸다. 이 단계의 초반에는 태양 에너지가 물 분자를 산소와 스스로 분해한다. 식물이 산소를 대기 중으로 돌려보내면 그걸로 우리가 숨을 쉰다. 수소로는 포도당을 만들어 식물이 성장하는 데 필요한 에너지로 활용한다. …우리가 먹어치우는 것은 다름 아닌 먹기 좋게 조리된 태양 요리다.

태초부터 우리가 태양의 힘으로 존재해 왔다는 것을 생각하면 정말 놀랍다.

―엘라 프랜시스 샌더스, 『우아한 우주』

해야 솟아라. 해야 솟아라. 말갛게 씻은 얼굴 고운 해야 솟아라.
산 넘어 산 넘어서 어둠을 살라 먹고, 산 넘어서 밤새도록 어둠을
살라 먹고, 이글이글 앳된 얼굴 고운 해야 솟아라.

박두진, "해" 중에서

나의 영토

●

나는 나의 몸이고, 몸 이상이다.
나는 마음이고, 마음 이상이다.
나는 내가 맡은 역할이고 지위이며, 그 이상이다.
나는 내가 누구라고 생각하는 그 안에
도저히 포함시킬 수 없는 무한대의 기적을 품고
살아간다.
37조 개의 세포들이 나를 위해 일하고,
피가 온몸 구석구석을 돌고
한 순간도 멈추지 않고 규칙적으로 맥박이 뛴다.
알 수 없는 누군가가, 무엇이,
나를 살아 숨쉬게 하고 있으니,
나는 내가 알지 못하는 그 누구, 그 무엇,
이름 붙일 수 없는 어떤 힘의 작용과
한시도 떨어질 수가 없다.

만일 육신이 영혼을 위해 존재하는 것이라면 그것은 기적이다. 그러나 만일 영혼이 육신을 위해 존재한다면 그것은 기적 중의 기적이다. 어떻게 이 커다란 부가 이런 가난 속에 거주할 수 있는가? 경이로움을 느끼지 않을 수 없다.

『도마복음』, 말씀 29.

나의 중심

●

양성자와 중성자를 서로 붙잡아두는 핵력이,
세포 속 양이온과 음이온이 서로를 끌어당기는 전기적 힘이,
무게를 가진 물체가 다른 물체를 끌어당기는 중력이,
나와 네가 서로를 끌어당기는 자력이,
수금지화목토성 천해명왕성으로 하여금
태양을 돌게 하는 힘이,
4천억 개의 별들이 빛나고 있는 우리 은하와
수천억 개에 달하는 은하들을
떠받치는 그 힘이,
바로 지금 여기,
내 안에 내장되어
나를 숨쉬게 하고 있다.

""왜 우주는 지금과 같은 모습일까? 누군가에 의해 설계된 것 같지 않은가? 정교한 설계도를 가진 듯 수많은 숫자로 이루어진 세계, 양성자와 중성자를 붙잡아두는 힘(핵력), 만약 너무 강했다면 원자들이 뭉치지 못해 탄소 같은 원자를 만들지 못했을 것이고, 너무 약했다면 원자들이 모두 흩어져 원자 자체가 존재하지 못했기에 우주에는 탄소도, 산소도, 생명도 없었을 것이다."

스티븐 호킹

내 안의 보물

●

맥박을 짚어보기만 해도
쿵 쿵 뛰는 심장에 손을 얹기만 해도
알 수 있다, 무언가 멋진 보배 같은 것이
내 안에 자리 잡고 있다는 것을.

성자나 현자뿐만 아니라
내 안에도 이미 보물이 갖추어져 있으며,
그러니 나는 걸어다니는 보물창고다.
파고 파고 또 파도 계속해서 나오는 보물들을
스스로 누리고 또 나누면서 살 것이기에
나를 발견하는 나의 여정은
끝없이 이어지리라.

정밀한 시계를 조립하듯 모든 요소가 맞아떨어진 우주…. 왜 우주의 조건들이 이렇게 정교하게 맞아떨어질까? 우주의 모든 조건이 생명체를 위해 미세하게 조정된 것만 같다.

브랜든 카터

조건 없는 사랑의 힘

●

온 우주는 조건 없는 사랑으로 이루어져 있으며, 나는 그 사랑의 표현이다. 모든 원자와 분자, 쿼크, 테트라쿼크는 전부 사랑으로 만들어졌다. 나는 도무지 다른 무엇이 될 수 없다. 이것이 본질이요, 온 우주의 본성이기 때문이다. 부정적으로 보이는 것조차도 모두 무한하고 조건 없는 사랑의 스펙트럼의 일부이다. 사실, 우주의 생명력 에너지가 곧 사랑이며, 나는 그 우주 에너지로 이루어져 있다!

각자의 장엄함을 깨달을 때, 우리는 다른 사람을 통제해야 할 필요가 없게 되고, 자신도 남에게 통제당하도록 내버려두지 않는다. 내 무한한 자아 안에서 깨어났을 때, 나는 단지 내가 곧 사랑이라는 것을 그리고 늘 사랑이었다는 것을 안다는 것만으로도 삶이 얼마나 극적으로 달라질 수 있는지를 알고 놀랐다. 나는 사랑받기 위해 뭔가를 할 필요가 없다. 이것을 이해하면 바로 내 생명력 에너지와 같은 방향으로 흘러가게 된다.

내가 곧 사랑임을 이해하는 것이야말로 내가 배운 가장 중요한 가르침이었다. 그것을 통해 나는 모든 두려움을 놓아버릴 수 있었다.

—아니타 무르자니, 『그리고 모든 것이 변했다』

사랑을 느끼는 순간, 사람은 곧바로 무장해제되어 버린다. 주는 사람이든 받는 사람이든.

나를 먹으라

●

"나를 먹으라. 나의 살과 피를 먹으라."
―예수

내가 먹지 않으면
천고의 진리도 강 건너 풍경일 뿐,
내가 먹고 마셔야 한다.

그가 먹으라고 한 것은
어떤 음식도 아니요, 그의 살과 피도 아니다.
사랑이다.
그의 사랑을 먹으면
나도 사랑이 된다.

나는 사랑이다.

우리는 한 순간도 쉬지 않고 무엇인가를 먹고 있다. 들이쉬고 내쉬는 호흡조차도 '공기를 먹고 소화하고 배설하는 과정'에 다름 아니다. 꽃과 함께 있으면 꽃의 빛깔과 향기를 먹고 있는 것이고, 숲속 길을 걸으면 나무들이 내뿜는 피톤치드를 흡수하고 있는 것이며, 사랑하는 사람과 함께 있으면 사랑을 먹고 나누고 있는 것이다. 무엇을 먹고 마시고 숨 쉬느냐에 따라 우리는 시시각각 달라지고 있는 중이다.

봄날의 새싹이

●

땅을 뚫고 솟아난 새싹이
나에게 말한다.

"가만히 귀 기울여 봐,
네 안에서 솟아나려고 하는
무엇이 있을 거야.
그것을 사는 거야.
그것을 피우는 거야."

'세상살이'는 자신이 아닌 무엇이 되기 위해 갖가지 명칭과 직위와 능력을 발굴하고 획득하여 자신 위에 덧씌울수록 성공적이라고 평가하지만, '사랑살이'는 벌거벗은 상태로 돌아가 아무것도 지닌 것 없어도 충만한 기쁨이 꽃 피어나는 것을 절정으로 삼는다.

내 안의 풍경

●

내 안에 바다가 있고 육지가 있다
내 안에 산들이 있고
산맥들 사이에 골짜기가 있고
시내가 흐르고 강물이 흐르고
바다가 있다.

저 혼자 스스로 도는 지구가 내 안에 있고
지구를 돌고 도는 달이 내 안에 있다
달과 지구가 함께 돌고 도는 해가
내 안에 있다.

돌고 도는 그 흐름이 나의 살아 있음이다
별과 별이 서로를 돌도록 떠받치는 거대한
두 손이
나의 우주 또한 떠받치고 있다.

당신이 내 숨결 위에 계시니
당신이 곧 나의 삶입니다.

루미

나는 사랑이다

●

사랑한다는 것은
경계를 넘어 나를 확장해 가는 일이다.

태초에 창조주도 자신의 사랑을 풀어내어
우주만물로 표현해 내셨으니
온 우주에 사랑 아닌 것이 없다.
시작 없는 시작으로
온 우주로 사랑이 펼쳐지고
끝이 없는 끝으로
온 우주에 사랑의 노래가 메아리친다.
창조주는 사랑이다.
나는 사랑이다.
나는 지금
사랑을 들이쉬고
사랑을 내쉰다.
사랑으로 보고 듣고 냄새 맡고 맛보고 감촉한다.
사랑으로 말하고 움직거린다.
나는 사랑이다.

"그리스도는 사랑 속에서 자신을 잃어버렸습니다. 그는 모든 존재와 하나였습니다. 그는 세상 모든 사람을 향한 큰 사랑을 갖고 있었습니다. 그분은 그분의 영이 온 세상에 전파될 수 있도록 십자가에 못 박히셨습니다. 그는 하나님과 하나였습니다."

님 카롤리 바바

사랑의 길

●

하늘에는 별들이 얼마나 많은가? 바다에는 물고기들이 얼마나 득실대는가? 창조주의 사랑은 무한하다. 창조주가 표현하는 사랑의 길은 무수하다. 우주는 창조주의 사랑이 꽃 피어난 열매들이고, 지금 이 순간에도 우주 곳곳에서 사랑이 피어나고 있다.
창조주 사랑의 꽃 피어남, 그것이 바로 '나'다.

사랑은 사랑의 노래를 부르면서 자기 자신을 포자처럼 퍼뜨린다.
사랑은 수많은 버전으로 자기 자신을 증식시킨다.
사랑 속에서 나는 나 자신을 잃어버린다.
사랑은 사랑으로 이미 충만하다.
나의 모든 것은 '사랑'으로 변신한다.

나는 사랑이다.

사랑으로부터 움츠러들게 하는 습관들을 계속 내려놓음에 따라,
놓아버리는 것에 대한 에고의 두려움은 사랑 속에서 녹아버린다.
에고의 입장에서 보면, 사랑에 항복하는 것이고, 영혼의 입장에서
보면, 집으로 돌아오고 있는 것이다. 분리의 경계가 희미해지고,
둘은 하나가 되어간다.

람 다스, 『지금 사랑하라』

사랑결핍증과 사랑충만증

●

사랑이 없으면 웬지 힘이 빠지고, 우리의 자존심은 점점 스러져 간다. 사랑이 없으면 살아갈 용기가 점점 줄어들어, 나의 관점으로 세상을 바라보는 대신 다른 사람들의 관점에 나를 맞추려고 든다. 다른 사람들의 요구와 기대에 따라 내 삶을 맞추다 보면, 나의 삶의 자리가 점점 줄어들고, 자기사랑도 더 이상 설 자리가 없게 된다.

사랑이 있으면 웬지 힘이 나고, 우리의 자존심은 점점 자리를 잡아간다. 사랑이 있으면 살아갈 용기가 생기고, 창조적인 사람이 된다. 나의 관점에만 치우치지 않고 다른 사람들의 관심과 기대 속에서 여유 있게 일을 처리한다. 사랑이 있으면, 우리는 지치지 않고 나아갈 수 있다. 사랑이 있으면, 그것으로 삶이 충만해진다.

사랑은 무한히 확장되는 힘이다.
마르셀 프루스트

나는 나를 방목한다

●

나는 몸이지만 동시에 몸이 아니다.
들이쉬고 내쉬는 숨으로
한시도 멈춤이 없이 우주와 통하고 있으니
나는 결코 폐쇄회로가 아니다.
여기까지가 '나'라고 하는 경계선은 애초에 없다.

나는 나의 생각이지만 동시에 생각이 아니다.
생각은 내 안에서만 만들어지는 것이 아니라
어디에선가 날아오는 것이어서
수신기처럼 작동하는 경우가 많으니
나는 언제나 갇힌 존재가 아니라 열린 존재다.
여기까지가 '나'라고 하는 경계선은 애초에 없다.

나는 나다.
어떠한 한계도 없는 나다.
나는 나를 방목한다.

사랑은 모든 것을 넘고 넘어 나아가게 하는 힘이다.
빅토르 위고

스위치를 누르면 전기가 들어오듯이

●

빛은 어디 먼 곳에, 먼 미래의 시간 속에 있는 것이 아니다. 지금 여기 내 안에 있다. 스위치만 누르면 전기가 들어오듯이, 스위치만 누르면 내 안에 빛이 들어와서 어둠을 일시에 흩뜨려 버린다.

빛은 생명의 원천이고 지혜의 샘이고 사랑의 보물창고이다. 스위치를 누르기만 하면 건강하고 자유롭고 풍요가 넘쳐나는 삶이 아무런 대가도 요구하지 않고 스스로를 펼쳐 보이기 시작한다.

이 사랑의 빛, 이 지혜의 빛, 이 생명의 빛은, 남녀노소 빈부귀천을 가리지 않고 누구에게나 거저 무진장으로 주어진다.

구멍이 뚫려서 빛을 맞이한 하늘빛 사람은 이제 더 이상 자기 자신에게 한계를 부여하지 않는다. 빛은 에고가 만들어내는 모든 경계선을 일시에 지워버리기 때문이다.

사랑하는 사람의 마음은
온몸에 전기가 가득 충전되어 있는 듯한 상태가 된다.

하늘사랑을 받기 위한 조건

●

하늘사랑을 받기 위한 조건은 오직 한 가지, 아무런 덧칠이나 꾸밈없이 벌거벗은 내 존재만으로 하늘 앞에 서야 한다는 것뿐이다.

벌거벗은 채 하늘 앞에 서는 그 자체로 나의 모든 죄는 다 용서된다. 그 어느 것도 내가 스스로 저지른 죄는 없기 때문이다. 세상이 나에게 잘못 주입시키고 거기에 발맞추어 살았던 과거는 하늘 앞에 벌거벗은 채로 서는 그것만으로 그 순간 다 용서받는다.

햇살처럼 쏟아지는 무조건적인 하늘사랑을 받기 위해서는 착할 필요도, 순수할 필요도, 거룩할 필요도 없다. 모든 잘못과 실수가 다 용서받고, 있는 그대로 다 받아들여진다. 구석구석 남김없이 쓰다듬고 포용하는 큰 사랑 앞에서 나는 나의 존재만으로도 이미 충분하다.

당신은 신성의 독특한 표현이며, 그에 따라 당신은 당신 나름의 독특한 자질을 갖게 됩니다. 당신은 지금 당신을 위한 완벽한 위치, 완벽한 지점에서 완벽한 존재 방식으로 더 많은 확장과 진화를 위해 나아가기 위해 자기 자신을 독특하게 표현하고 있는 중입니다.

파나슈 데사이, 『존재만으로 이미 충분한 당신』

사랑 안에서 살기

●

"너는 나의 사랑하는 아들이다."

이 말이 들리는 순간 예수의 몸-마음-영혼은 사랑으로 완충되었다. 이후 그가 하는 모든 말은 사랑의 말, 용서의 말, 치유의 말이었다. 절대적인 사랑 안에서 두려움은 더 이상 설 자리가 없었다. 죽음에 대한 두려움 앞에서도.

나도 마찬가지다. 두려움으로 흔들리는 시간은, 내 안에서 사랑이 방전되었기 때문이다. 눈을 감고 귀를 닫고 마음을 닫아서 이 거대한 우주는 물론 내 몸 속의 세포 하나하나까지도 주관하시고 운영하시는 사랑의 그분에게 연결되는 코드를 스스로 차단시켰기 때문이다.

문을 열기만 하면 된다.

문을 연다.
사랑을 연다.
세계를 연다.

빛이 있으면 어둠은 저절로 물러나듯이
사랑 안에 있으면 두려움은 더 이상 설 자리가 없다.

상상의 날개

●

나에게는 날개가 있어, 상상의 날개.
상상은 현실보다 힘이 세지.
세상을 향해 사방팔방으로 날아가는 나의 상상은
나의 꿈을 실현시켜 주기 위한 길을
열어주는 하늘 일꾼들이야.

내 꿈은 미래의 시간 속에서 이미 완성형이야.

미래시제 속에서 이미 완성된 나의 꿈이
오늘 나의 시간 속으로 질주하고 있지.

상상은 이미 현실이야.
꿈은 이미 현실이야.

불면증으로 고생하는 사람은 잠을 들려고 애쓸수록 더욱 더 잠이 달아나곤 하는 것을 경험한다. 의지를 갖고 무언가를 할수록 원하는 것과 정반대의 결과를 가져오는 경우가 많다. 상상과 의지가 싸우면, 언제나 상상이 이긴다. "나는 날마다 모든 면에서 점점 좋아지고 있다."고 상상하라. 그리고 좋아진 그 상태를 생생하게 느껴라. 그러면 머지않아 상상은 현실이 된다.

에밀 쿠에

빛의 말씀으로 창조하기

●

내가 바라고 원하는 것을 상상으로 그림 그리는 순간부터
우주는 그것의 물질화를 위해 전속력으로 질주한다.

믿음이 군더더기 없이 순수할수록
물질화 속도는 빛의 속도만큼 빨라진다.

"빛이 있으라!" 하시니 빛이 있었던 것처럼
창조주를 닮은 나 또한
말을 발설하자마자
창조가 시작된다.

과거의 모든 지식을 통합하여 제공할 수 있는 AI라 할지라도 직관보다 더 속도가 빠를 수 있을까? 직관은 하늘과의 고속도로이고, 우주는 본래 속도를 좋아한다. 지구가 태양을 도는 속도를 보라.

나에게로 떠나는 여행

●

세상의 모든 여행은 결국 "나"에게 돌아오는 것으로 끝이 난다. 내가 가장 편히 쉴 수 있는 내 집에 머물러 있지 않다면, 나는 여행 중에 있는 것이다. 두 팔과 두 다리를 거리낌 없이 쭉 뻗을 수 있는 곳, 방황하는 마음을 주저치 않고 내려놓을 수 있는 곳, "나"라는 존재를 가장 마음 편히 만날 수 있는 "내 집"이야말로 모든 여행의 종착역이자 시발역이다.

여행이 끝나 집으로 돌아오면 아무리 짧은 여행이라도 여행을 떠나기 이전의 "나"와는 달라져 있는 "나"를 만나게 된다. 때로는 몰라보게 성장해 있는, 익숙해진 과거의 눈으로 보면 낯설기까지 한 나를 만나는 기쁨, 그것이 여행의 선물이요 보람이다.

삶은
"나"에게로 떠나는 여행이다.

여행이 끝나 이 몸을 하늘에 반환할 때 "나"는 무엇이 얼마나 달라져 있을까? 하늘에서 기다리고 있을 하늘사람들에게 나는 나를, 지구별 여행을 통해 달라진 나를, 달라진 빛의 크기를 보여주게 되리라.

큰 사랑의 품에 안겨

●

내가 몸을 지니고 태어나기 이전의 무수한 세월들, 내가 육신을 벗어나게 될 이후에 벌어진 세계의 풍경들, 그리고 적막과 적막 사이에서 숨쉬고 있는 나 자신.

분명한 것은, 내가 지금 알고 알지 못하는 거대한 신비가 펼쳐지는 가운데 숨쉬고 있다는 것이고, 이렇게 기적처럼 살고 있다는 것은 이 우주를 운행하는 섭리의 힘이 지금 이 순간에도 나를 가만히 안아주고 있다는 것.

온전하고 완전한 고요에 이를 때,
우리는 자기 자신을 만난다.
우파니샤드

삶은 선물이다

●

어떤 미지의 힘, 신비스러운 무엇인가가 작용하여 태어나고 운행되고 있는 이 삶이라는 선물은, 지금도 여전히 포장이 다 뜯기지 않은 채 끝없이 자신을 열어가는 중이다. 언제나 개봉박두. 순간 순간 열리면서, 이 생애를 다하여 열더라도 다 열리지 않을 것이 분명한 선물!

지금 나는 그 선물을 앞에 놓고 있다.

새벽이 동터 오는 모습을 바라보노라면, 빛이 어둠을 어떻게 설득해 몰아내는지 알게 된다. 처음에는 빛이 손가락을 펼치고 지평선에 나타난다. 그러고는 능숙한 솜씨로 세상으로부터 서서히 어둠의 장막을 걷어낸다. 그대 앞에 새로운 새벽, 곧 새로운 날의 신비가 펼쳐진다.

존 오도나휴, 『영혼의 동반자』